T0129752

essentials

essentials liefern aktuelles Wissen in konzentrierter Form. Die Essenz dessen, worauf es als „State-of-the-Art" in der gegenwärtigen Fachdiskussion oder in der Praxis ankommt. *essentials* informieren schnell, unkompliziert und verständlich

- als Einführung in ein aktuelles Thema aus Ihrem Fachgebiet
- als Einstieg in ein für Sie noch unbekanntes Themenfeld
- als Einblick, um zum Thema mitreden zu können

Die Bücher in elektronischer und gedruckter Form bringen das Expertenwissen von Springer-Fachautoren kompakt zur Darstellung. Sie sind besonders für die Nutzung als eBook auf Tablet-PCs, eBook-Readern und Smartphones geeignet. *essentials:* Wissensbausteine aus den Wirtschafts-, Sozial- und Geisteswissenschaften, aus Technik und Naturwissenschaften sowie aus Medizin, Psychologie und Gesundheitsberufen. Von renommierten Autoren aller Springer-Verlagsmarken.

Weitere Bände in der Reihe http://www.springer.com/series/13088

Marco Nirschl · Laurina Steinberg

Einstieg in das Influencer Marketing

Grundlagen, Strategien und Erfolgsfaktoren

Springer Gabler

Marco Nirschl
Ostbayerische Technische
Hochschule Amberg-Weiden
Weiden i.d. Opf., Deutschland

Laurina Steinberg
Ostbayerische Technische
Hochschule Amberg-Weiden
Weiden i.d. Opf., Deutschland

ISSN 2197-6708   ISSN 2197-6716   (electronic)
essentials
ISBN 978-3-658-19744-5   ISBN 978-3-658-19745-2   (eBook)
https://doi.org/10.1007/978-3-658-19745-2

Die Deutsche Nationalbibliothek verzeichnet diese Publikation in der Deutschen Nationalbibliografie; detaillierte bibliografische Daten sind im Internet über http://dnb.d-nb.de abrufbar.

Springer Gabler
© Springer Fachmedien Wiesbaden GmbH 2018

Gedruckt auf säurefreiem und chlorfrei gebleichtem Papier

Springer Gabler ist Teil von Springer Nature
Die eingetragene Gesellschaft ist Springer Fachmedien Wiesbaden GmbH
Die Anschrift der Gesellschaft ist: Abraham-Lincoln-Str. 46, 65189 Wiesbaden, Germany

Was Sie in diesem *essential* finden können

- Eine Einführung in das Thema Influencer Marketing sowie eine Abgrenzung zu anderen aktuellen Marketing-Formen
- Eine Darstellung, wie Unternehmen Influencer Marketing einsetzen, welche Kanäle genutzt werden und wie dadurch das Konsumentenverhalten beeinflusst wird
- Eine Methode, wie individuell die richtigen Instrumente, Kanäle und Influencer für Unternehmen ausgewählt werden können

Inhaltsverzeichnis

Über die Autoren

Prof. Dr. Marco Nirschl ist Professor für E-Commerce Management an der Ostbayerischen Technischen Hochschule Amberg-Weiden. Dort leitet er den Bachelor-Studiengang Handels- und Dienstleistungsmanagement sowie den MBA-Studiengang Digital Business Management.

Marco Nirschl beschäftigt sich unter anderem mit Strategien und Prozessen im Digital Business und Online-Marketing. Er ist Autor zahlreicher Veröffentlichungen, hält Vorträge bei Konferenzen und ist Lehrbeauftragter an mehreren Hochschulen.

Laurina Steinberg B.A., studiert im Master-Studiengang Digital Business an der Ostbayerischen Technischen Hochschule Amberg-Weiden. Zuvor absolvierte sie den Studiengang Handels- und Dienstleistungsmanagement mit dem Schwerpunkt Handelsmanagement.

Im Rahmen einer Forschungstätigkeit am Kompetenzzentrum Handel und E-Commerce führte sie empirische Analysen zum Thema Influencer Marketing durch. Ihr Interesse gilt Social Media-Themen, insbesondere Mode- und Lifestyle-Blogs.

Steigende Bedeutung des Influencer Marketing im Marketing-Mix von Unternehmen

1

Die Marketingaktivitäten von Unternehmen befinden sich zunehmend im Wandel. Neben den grundsätzlich immer vielfältigeren Möglichkeiten, die das Internet bietet, ist ein wesentlicher Grund dafür, dass die Konsumenten der klassischen Werbung immer weniger Vertrauen schenken und stattdessen Empfehlungen von Freunden, Bekannten oder unabhängigen Experte folgen. Diese Entwicklung bedient den Trend des Influencer Marketing. Trotz der steigenden Medienpräsenz dieser relativ neuen Marketing-Disziplin, weiß eine Vielzahl der deutschen Marketing-Entscheider noch nicht viel damit anzufangen. So belegt eine Umfrage der Social-Media-Agentur Webguerillas, dass 58 % der 250 befragten Marketer mit dem Begriff nicht vertraut sind. Von den restlichen 42 % setzen jedoch knapp zwei Drittel dieses Instrument bereits aktiv in ihrem Marketing-Mix ein (Webguerillas 2016a). Aus diesem Grund beschreibt die Agentur die zentrale Erkenntnis folgendermaßen: „Influencer Marketing etabliert sich als eine zentrale Disziplin im Marketing-Mix. Die praktische Umsetzung und die Wirkungsmechanismen sind aber weitaus komplexer, als viele Entscheider es von den klassischen Disziplinen her kennen" (Webguerillas 2016b).

Um neben der Sicht der Marketer auch das Konsumentenverhalten genauer unter die Lupe zu nehmen, wurde im Vorfeld dieses Reports eine Befragung von Konsumenten durchgeführt, die einen ersten Hinweis auf die Wirkung des Influencer Marketing geben soll. Bei der Analyse wurden 172 Konsumenten (73 % weiblich, 27 % männlich) befragt. Im Ergebnis zeigt sich unter anderem, dass – unabhängig davon, ob sie regelmäßig einen Blog verfolgen oder nicht – 40 % der Befragten schon mindestens ein Produkt aufgrund der Kaufempfehlung eines Bloggers gekauft haben. Des Weiteren zeigt sich, dass jede zweite blogverfolgende Probandin schon mindestens einmal durch eine Blogempfehlung in ihrer Kaufentscheidung beeinflusst wurde.

© Springer Fachmedien Wiesbaden GmbH 2018
M. Nirschl und L. Steinberg, *Einstieg in das Influencer Marketing,*
essentials, https://doi.org/10.1007/978-3-658-19745-2_1

Nicht nur diese Ergebnisse zeigen, dass in Zeiten sozialer Medien dem Thema Influencer Marketing insbesondere im digitalen Marketing eine immer wichtiger werdende Rolle zukommt. Durch die Verschiebung der Informationsbeschaffung, weg von Offline-Kanälen hin zu sozialen Medien, wächst die Bedeutung digitaler Einflussnehmer (Dexler 2017).

Andererseits werden mittlerweile die Influencer selbst zum Teil auch kritisch gesehen[1]. Hintergrund sind meist die zum Teil siebenstelligen Jahreseinnahmen der Influencer und die damit verbundenen und häufig kritisierten rechtlichen Aspekte der Kenntlichmachung von Produktplatzierung[2].

Grundsätzlich sind beim Thema Influencer Marketing neue Spielregeln und eine eigene Sprache zu beachten, die es für eine Vielzahl von Unternehmen zunächst zu lernen gilt. Um Licht in diesen Tunnel, bestehend aus komplexen Zusammenhängen und neuen Begrifflichkeiten zu bringen, soll dieses Buch vielseitige Informationen und Erkenntnisse zum Thema Influencer Marketing liefern.

Nach der kurzen Thematisierung der Bedeutung des Influencer Marketing geht das vorliegende Buch in Kap. 2 zunächst auf die Entstehung des Influencer Marketing ein und grenzt es gegenüber verwandten Marketing-Disziplinen bzw. -Formen ab.

Kap. 3 stellt die Grundlagen des Influencer Marketing vor. Dabei werden nach einer kurzen Beschreibung der Zielsetzung zwei grundlegende Typen von Influencern dargestellt. Im Anschluss folgt eine Vorstellung von Influencer-Plattformen und der Möglichkeiten zu Auswahl geeigneter Influencer.

In Kap. 4 werden zunächst drei der wichtigsten Influencing-Kanäle und deren Bedeutung näher vorgestellt: Blogs, Instagram und Youtube. Im Anschluss wird anhand verschiedener Modelle und Vorgehensweisen der Einfluss von Influencern auf das Konsumentenverhalten verdeutlicht. Der Kaufentscheidungsprozess des Konsumenten steht hierbei im Mittelpunkt der Betrachtung.

Kap. 5 beschäftigt sich mit Strategien und Vorgehensweise für das Influencer Marketing in der Praxis. Dafür wird zunächst anhand einer Sekundäranalyse die Einschätzung ausgewählter Experten zu wichtigen Themen des Influencer Marketing aufgezeigt. Im Anschluss werden Chancen und Risiken verdeutlicht, die mit dem Influencer Marketing einhergehen und Erfolgsfaktoren betrachtet, die für das Influencer Marketing eine besondere Bedeutung haben. Abschließend wird

---

[1]Siehe dazu z. B. einen aktuellen Bericht des Manager Magazin zum Influencer Marketing (Lang 2017).

[2]Zur aktuellen Rechtslage siehe (Baier 2017).

anhand einer Entscheidungsunterstützung für Unternehmen eine Hilfestellung gegeben, die den Einstieg in das Thema vereinfacht und wichtige Entscheidungen strukturiert darstellt.

Entstehung und Abgrenzung des Influencer Marketing

2

2.1 Entstehung und Entwicklung

Influencer Marketing stellt derzeit einen der präsentesten Trends in der digitalen Geschäftswelt dar. So wächst auch die Zahl der Unternehmen, die Influencer Marketing gezielt betreiben. Neu ist das Ansprechen von Beeinflussern jedoch keinesfalls. Bisher wurden sie allerdings vorzugsweise im Rahmen der Unternehmenskommunikation angesprochen. Die Veränderung liegt also darin, dass die Initiative nun aus dem Marketing stammt (Hedemann 2014).

Diese Erkenntnis geht auch aus der dargestellten Statistik in Abb. 2.1 hervor. Demnach nutzten im Jahr 2016 rund 20 % der befragten Unternehmen Influencer Marketing, um auf die eigenen Inhalte aufmerksam zu machen.

Dass diese Form des Marketings weitaus größere Erfolge erzielt als herkömmliche Werbemaßnahmen, die zunehmend als störend und unglaubwürdig empfunden werden, zeigt dabei auch eine Nielsen-Studie aus dem Jahr 2015 (Wenzel 2016). Demnach vertrauen rund 83 % aller Konsumenten persönlichen Empfehlungen mehr als allen anderen Werbeformen (Nielsen 2015). Hinzu kommt, dass sich die Umsetzung einer ausreichenden Sichtbarkeit und die Erzielung der gewünschten Wirkung heutzutage insbesondere im Online-Marketing mit klassischen Werbemitteln schwierig gestaltet. Diese Problematik legt dabei den Grundstein für die Verlagerung der Ansprache von Influencern (Hedemann 2014).

Seinen Ursprung findet der Begriff Influencer Marketing allerdings in einem 2001 veröffentlichten Sachbuch von Robert Cialdini. In seinem Buch „Die Psychologie des Überzeugens" stellt Cialdini fest, dass Menschen sich in der zunehmenden Komplexität des Alltags nicht mehr in allen Themenfeldern informieren und sich daher bei ihren Entscheidungen auf den Rat von Influencern verlassen. Dem voraus geht die Grundannahme Cialdinis, wir Menschen seien relativ

© Springer Fachmedien Wiesbaden GmbH 2018
M. Nirschl und L. Steinberg, *Einstieg in das Influencer Marketing,*
essentials, https://doi.org/10.1007/978-3-658-19745-2_2

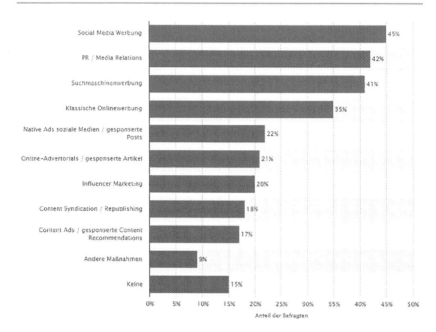

Abb. 2.1 Maßnahmen, die eingesetzt werden, um auf die eigenen Inhalte aufmerksam zu machen. (Quelle: https://de.statista.com/statistik/daten/studie/159909/umfrage/einsatz-digitaler-medien-fuer-corporate-publishing-bei-unternehmen/, 2016)

leicht beeinflussbar und unsere Handlungen bis zu einem gewissen Grad steuerbar. In der Forschung spricht man dabei vom sogenannten Klick-Surr-Effekt und den Prinzipien der Beeinflussung. Demnach glauben Menschen unter anderem, die einflussnehmende Person sei ein glaubwürdiger Experte und sympathisch. Des Weiteren glauben sie, sie schulden demjenigen etwas und dem nachzugehen passe zu ihren eigenen Werten. Ebenso nehmen Menschen, die bei einem Kauf unentschlossen sind, die Kaufentscheidung anderer als Grundlage für die eigene. Und schlussendlich erzeugt die Verknappung eines Produkts Nachfrage, weil Menschen Dinge, Produkte oder Informationen als besonders wichtig empfinden, wenn diese nicht unmittelbar erreichbar sind. Bei den erläuterten Prinzipien handelt es sich demnach namentlich um: Autorität, Sympathie, Reziprozität, Konsistenz, soziale Bewährtheit und Knappheit. Sie bilden das Fundament für die erfolgreiche Beeinflussung eines Meinungsführers (Mai 2012).

Vor dem Hintergrund des Social Web bekam der von Cialdini geprägte Begriff des Influencing eine abgeänderte Bedeutung. Dabei wird neben der psychologischen

Einflussnahme auch der Kontext des größtmöglichen Wirkungskreises berücksichtigt. Denn im Gegensatz zu persönlichen Bekannten, sind Influencer heute Unbekannte, die durch ihr Engagement in den sozialen Medien Aufmerksamkeit für ihre Beiträge erhalten (OnPage 2016). Die resultierende Reichweite und Reputation des Influencers wird somit zu einer Ressource für Unternehmen, welche die Relevanz ihrer Werbebotschaften verstärken und neben dem Absatz auch ihre Bekanntheit fördern kann (Wenzel 2016). Die Entwicklung des Influencer Marketing ist dabei vielversprechend und deutet auf eine Ausbreitung des Trends hin. So planen derzeit rund 70 % der deutschen Marketer dieses Instrument zukünftig in ihren Marketing-Mix aufzunehmen oder beizubehalten (Webguerillas 2016a).

2.2 Einordnung und Abgrenzung

Um die Zusammenhänge innerhalb des Influencer Marketing weiter zu erörtern, werden im Folgenden einige Begriffe definiert. Im Zuge dessen erfolgt sowohl eine Einordnung als auch eine Abgrenzung der verschiedenen Themenfelder, um die Besonderheiten und Merkmale des Influencer Marketing herauszuarbeiten (vgl. Abb. 2.2).

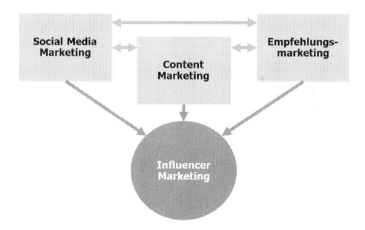

Abb. 2.2 Zusammenhang zwischen dem Influencer Marketing und verwandten Marketing-Aktivitäten. (Quelle: eigene Darstellung)

2.2.1 Social Media Marketing

Unter Social Media Marketing versteht man „die Bestrebung, eigene Inhalte, Produkte oder Dienstleistungen in sozialen Netzwerken bekannt zu machen und mit vielen Menschen – (potenziellen) Kunden, Geschäftspartnern und Gleichgesinnten – in Kontakt zu kommen" (Weinberg 2012, S. 8). Social Media ist dabei der Überbegriff für Medien, in denen Internetnutzer Meinungen, Eindrücke, Erfahrungen oder Informationen austauschen und Wissen sammeln. Hierzu zählen: Foren, Weblogs, Microblogs, soziale Netzwerke, Wikis, Social-Bookmark-Portale, Bewertungsportale, Auskunftsportale, Photo-, Document-, Musik- und Video-Sharing-Portale (Onlinemarketing-Praxis 2016). Aufgrund der großen Masse an Menschen, die sich im Internet bewegt, existieren Communities unterschiedlicher Form und Größe. Hierunter versteht man organisierte und soziale Netzwerke, innerhalb welcher die Akteure kommunizieren (Esch 2008). Als Teil des Onlinemarketings, besteht die Aufgabe des Social Media Marketings darin, diese Communities richtig zu nutzen, um relevante Produkt- und Serviceangebote wirkungsvoll zu platzieren (Weinberg 2012). Eine Vielzahl von Unternehmen hat den hohen Nutzen der sozialen Medien bereits erkannt, und setzt mit deren Hilfe erfolgreich unterschiedliche Unternehmensziele um. Zu den wichtigsten zählt dabei das Reputationsmarketing, da durch authentisches Auftreten in sozialen Netzwerken die Bekanntheit einer Marke und auch der Ruf einer Firma gestärkt werden kann. An dieser Stelle setzt auch das Influencer Marketing an, da hier wertvolle Kontakte zu Multiplikatoren und Medienvertretern geknüpft werden, die dafür sorgen können, dass das Unternehmen besser wahrgenommen wird (Heymann-Reder 2011).

2.2.2 Content Marketing

Im Rahmen des Social Media Marketings spielt der sogenannte Content, zu Deutsch Inhalt, eine zentrale Rolle. Der Begriff Content Marketing bezeichnet demzufolge einen Geschäftsprozess, innerhalb der Kommunikationsstrategie eines Unternehmens, in dem relevante und wertvolle Inhalte kreiert werden. Ziel ist es, die potenzielle Kundschaft zielgruppenspezifisch durch diese Inhalte anzusprechen und darüber hinaus profitable Handlungen zu generieren (Onlinemarketing 2016). Damit grenzt sich das Content Marketing von klassischen Werbemaßnahmen ab, die den Empfängern weitgehend nur einen geringen Mehrwert bieten. Formen des Content Marketing sind beispielsweise Blogbeiträge,

Ratgeberseiten, Anleitungen oder Lexika (t3n digital pioneers 2016). Auch im Influencer Marketing ist der Content von besonderer Bedeutung. So lassen sich durch eine gezielte Interaktion und Vernetzung mit wichtigen Meinungsführern und Multiplikatoren relevante Inhalte sowohl generieren, als auch distribuieren. Daher erfüllen Influencer in Bezug auf das Content Marketing wichtige Funktionen für Unternehmen. Sie sind zum einen eine maßgebliche Quelle, um Ideen für eigene Inhalte zu entwickeln. Zum anderen kommunizieren sie relevante Inhalte für die richtige Zielgruppe und wissen auch, welche Inhalte über welche Kanäle besonders effektiv wirken. Deswegen können Marketer von Influencern lernen und Themenideen für die eigene Content Strategie entwickeln. Darüber hinaus können Influencer auf vielerlei Weise die Distribution von Unternehmensbotschaften unterstützen. Sowohl als Markenbotschafter, als auch als Multiplikatoren für Themen und Inhalte eines Unternehmens. Ebenso besteht eine Möglichkeit darin, die unternehmenseigenen Inhalte und Themen in aktuelle Beiträge, Gespräche und Diskussionen der Influencer einzubringen (Tamblé 2015b). Vom sogenannten Branded Content spricht man in diesem Zusammenhang, wenn ein werbetreibendes Unternehmen Kommunikationsinhalte professionell von Influencern produzieren und im Internet verbreiten lässt. Der Werbecharakter wird den Konsumenten somit nicht direkt ersichtlich und ermöglicht eine differenzierte Kundenansprache (IT Wissen 2012).

2.2.3   Empfehlungsmarketing

Die Basis des Empfehlungsmarketings und zugleich das Wertvollste, was ein Anbieter von seinem Kunden bekommen kann, ist eine Weiterempfehlung. Diese wird jedoch erst ausgesprochen, wenn der Kunde sich absolut sicher in seiner Meinung ist. Denn mit jeder Empfehlung steht die eigene Reputation auf dem Spiel. Folglich wird lediglich empfohlen, was als herausragend, einzigartig und aufsehenerregend empfunden wird. All diese Eigenschaften bilden den für das Empfehlungsmarketing essenziellen, Gesprächsstoff der Mundpropaganda (Word-of-Mouth). Die sozialen Medien geben dem Empfehlungsmarketing dabei eine neue Dimension, indem eine Empfehlung durch die immense Reichweite ihres Verbreiters eine riesige Menschenmenge erreichen kann. An dieser Stelle spielen Influencer eine entscheidende Rolle, da im Empfehlungsmarketing zwischenmenschliche Beziehungen färben und lenken, was als gut oder schlecht befunden wird. Es ist daher wirkungsvoller einen begeisterten Influencer von einer Marke oder einem Produkt berichten zu lassen, statt als Anbieter dafür zu werben. Der so als Testimonial[1] agierende Influencer verbreitet dadurch Kauf-laune und schafft Vertrauen. Im Gegensatz zu anderen Marketingmaßnahmen füh-ren die Empfehlungen eines Meinungsführers bei potenziellen Kunden zu einer positiveren Wahrnehmung, zügigeren Entscheidungen und einer geringeren Preis-sensibilität (Schüller 2014).

---

[1]Zu Werbezwecken verwendete Empfehlung einer bekannten Persönlichkeit in den Medien mit dem Ziel eines positiven Imagetransfers (Esch 2008).

Grundlagen des Influencer Marketing

3

Auf der Suche nach Aufmerksamkeit und Sichtbarkeit im Internet und speziell in den sozialen Medien, wenden sich immer mehr Unternehmen an sie: die Meinungsmacher, die Beeinflusser, die Influencer. Doch um Influencer Marketing als einen gewichtigen Baustein in die gesamte Marketing-Strategie einzubinden, bedarf es spezieller Kenntnisse (Hedemann 2014).

3.1 Zweck und Ziele

Das Betreiben von Influencer Marketing ist zunächst eine strategische Vorgehensweise, die darauf abzielt, vom Einfluss und der Reichweite wichtiger Meinungsmacher und Multiplikatoren zu profitieren, indem diese eine Werbebotschaft für ein Unternehmen in sozialen Netzwerken und dem Social Web[1] verbreiten (Tamblé 2015a; OnPage 2016).

Diese Beschreibung fasst die Quintessenz der zahlreichen Definitionen, die es zu dem noch recht unerforschten Themenfeld Influencer Marketing gibt, knapp zusammen. Die Verbreitung einer Werbebotschaft geschieht im Rahmen dieser Strategie mithilfe eines sogenannten Influencers. Gemeint ist hiermit eine Person, die in sozialen Netzwerken hohes Ansehen genießt und besonders gut in der Blogosphäre vernetzt ist (OnPage 2016). Der Begriff Blogosphäre umschreibt dabei die Gesamtheit aller Blogs und deren Vernetzung untereinander (Geldschläger 2017). Ebenso kann ein Influencer als Experte in einer bestimmten Nische gelten.

---

[1]Der Ausdruck Social Web wird synonym für die Begriffe „Web 2.0" und „Social Media" verwendet. Hierunter wird das interaktive Internet der sozialen Netzwerke und die durch diese Interaktionsmöglichkeiten veränderte Wahrnehmung und Nutzung des Internets verstanden (Heymann-Reder 2011).

© Springer Fachmedien Wiesbaden GmbH 2018
M. Nirschl und L. Steinberg, *Einstieg in das Influencer Marketing*,
essentials, https://doi.org/10.1007/978-3-658-19745-2_3

Ein hoher Status ist in diesem Zusammenhang daher nicht immer zwingend entscheidend. Vielmehr ist ausschlaggebend, inwieweit der Influencer als Einzelper-
son eine Werbebotschaft an eine größere Zahl von Menschen weiterreichen und
dabei auch entscheidungsbeeinflussend wirken kann (Schüller 2014). Durch den
hohen Einfluss auf die Kaufentscheidung potenzieller Kunden, gelten ihre Beur-
teilungen und Bewertungen zu Produkten und Dienstleistungen eines Unternehmens bzw. einer Marke, als wichtige Erfolgsfaktoren im Marketingmix (Eicher
2015). Zusätzlich machen der hohe Vernetzungsgrad der Influencer, aber auch
die extreme Geschwindigkeit des Internets, das Influencing besonders für Unternehmen interessant. Als Beeinflusser werden hier mitunter vorzugsweise Blogger
gewählt. Das liegt daran, dass diese Gruppe sowohl die öffentliche Meinung stark
prägt, als auch Anbietern, die sie schätzen, schnell zum Erfolg verhelfen können
(Schüller 2014).

3.2   Typen von Influencern

Doch was genau ist nun ein Influencer? „Ein Influencer ist eine Person, die mit
ihrem Handeln andere Personen beeinflusst" (Hedemann 2014). Nur ein kleiner
Teil unserer Gesellschaft gehört dieser Personengruppe an. Dieser hat jedoch
erheblichen Einfluss auf die Akzeptanz neuer Trends und die Entstehung sogenannter Hypes[2] hat. Anne M. Schüller unterscheidet in ihrem Buch Touchpoints
dabei grundlegend zwei Influencer-Typen. Was das Aussprechen von Empfehlungen angeht, streben beide durchweg andere Absichten an. Ebenso unterscheiden
sie sich in der Reichweite und Gewichtung ihrer Botschaften. Es handelt sich
dabei um die beziehungsstarken Mutliplikatoren und die einflussnehmenden Meinungsführer (Schüller 2014).

3.2.1   Beziehungsstarke Mutliplikatoren

Die beziehungsstarken Mutliplikatoren zeichnen sich durch ihr großes Interesse an Menschen aus. Sie kennen nicht nur viele davon, sondern lieben auch
die Abwechslung. Durch ihre vielfältigen Kontakte zu den unterschiedlichsten
Personenkreisen, können sich ihre Produkt- und Markenempfehlungen wie ein

---

[2]Als Hype wird in diesem Zusammenhang eine besonders spektakuläre, mitreißende Werbung bezeichnet, die eine euphorische Begeisterung für ein Produkt bewirkt (Bibliographisches Institut GmbH 2017).

Lauffeuer verbreiten. Die im Internet aktiven Multiplikatoren senden viele verschiedene Links in die virtuelle Welt hinaus. Das bedeutet, dass sie in einem
hohen Maß Inhalte weiterleiten und Interessantes teilen. Gerne stellen sie sich
auch als Produkttester für diverse Unternehmen und Agenturen zur Verfügung.
Da sie begeisterungsfähig, kreativ und auch kommunikativ sind, erzielen die
beziehungsstarken Mulitplikatoren „Breite" und schnelle Hypes (Schüller 2014).
Die Influencerin Caroline Daur weist in diesem Zusammenhang die beschriebenen Merkmale dieser Personengruppe auf (siehe Abb. 3.1). Mit über 1,1 Mio.

Abb. 3.1   Collage von Beiträgen der Influencerin Caroline Daur. (Quelle: eigene Darstellung
in Anlehnung an https://www.instagram.com/carodaur, 2017)

Instagram-Abonnenten haben ihre Beiträge eine enorme Reichweite. Mittels der verschiedenen Social-Media-Kanäle lässt die 22-jährige Bloggerin ihre Community an ihrem Leben teilhaben und kommuniziert dabei mitunter auch Produkt- und Markenempfehlungen.

3.2.2 Einflussnehmende Meinungsführer

Im Gegensatz dazu sind die einflussnehmenden Meinungsführer primär an Informationen interessiert. Sie verfügen über ein großes Detailwissen in ihrem Fachgebiet. Sie sorgen für Vertrauen und beraten andere gern. Deshalb werden sie in ihrem Umfeld als Experten geschätzt. Zwar erreichen die Meinungsführer nicht die breite Masse, dafür erzielen sie jedoch „Tiefe" und fungieren als effiziente Empfehler, was sie wiederum befähigt, wirksam zu beeinflussen. Ihr Einfluss ist demzufolge insbesondere in Marktnischen hoch und effektiv. Sie wissen durchaus über ihre Macht Bescheid, werden stark umworben und haben daher hohe Ansprüche an die Pflege ihrer Reputation.

Weil ihre Nachrichten stets weiterverbreitet werden, haben sie sich einen relevanten Platz in ihrer Onlinegemeinde gesichert. Durch ihren hohen Einfluss bringen es einflussnehmende Multiplikatoren nicht selten zur eigenen Medienpräsenz. Hierunter zählen vor allem Blogger, deren Einträge täglich von Tausenden gelesen werden (Schüller 2014). Als Beispiel hierfür dient beispielsweise der Influencer Carsten Hard, der unter dem Pseudonym „Technikfaultier" auf diversen Social-Media-Kanälen vertreten ist und in seinen Beiträgen die neuesten Techniktrends vorstellt und mit seiner Community teilt (siehe Abb. 3.2).

Er gilt in diesem Fachgebiet als Experte, weshalb seine Produktempfehlungen häufig als Kaufgrundlage für seine Fangemeinde dienen. Anhand seiner rund zehntausend Instagram-Abonnenten wird deutlich, dass er innerhalb dieser Marktnische als bedeutsamer Empfehler agiert.

3.3 Influencer-Marketing-Plattformen

Die Bedeutung derartiger Meinungsführer wächst dabei sowohl im Business-to-Business- als auch im Business-to-Consumer-Marketing. Dieses Wachstum in der heutigen Geschäftswelt ist so enorm, dass es sich derzeit sogar spezialisierte Agenturen zur Aufgabe machen, Influencer und Unternehmen zusammenzuführen (Schüller 2014). Dieses entstandene Geschäftsfeld zeigt sich in Form von sogenannten Influencer-Marketing-Plattformen. Hinter diesen Plattformen

Abb. 3.2 Collage von Beiträgen des Influencers Carsten Hard. (Quelle: eigene Darstellung in Anlehnung an https://www.instagram.com/technikfaultier, 2017)

stehen Agenturen, die als Schnittstelle zwischen Influencern und Marketer fungieren. Die Herangehensweise der mittlerweile zahlreichen Plattformen unterscheidet sich dabei merklich. Eines der bekanntesten Modelle ermöglicht es Firmen ihre Kampagnen zu präsentieren und auszuschreiben. Interessiert sich ein Influencer für eine der Kampagnen und möchte diese bewerben, so tritt er über die Plattform mit dem Unternehmen in Kontakt. Das bedeutet eine erhebliche Zeitersparnis für beide Seiten. Im Gegensatz dazu, gibt es auch Plattformen, auf denen die Influencer die Chance haben, ihre Projektideen vorzustellen. So schafft die Webseite eine Möglichkeit Firmen zu finden, die ihr Projekt finanziell unterstützen und gegebenenfalls kooperieren. Darüber hinaus gibt es auch das klassische Vermittler-Modell. Hier suchen die Unternehmen nach potenziellen Werbepartnern und die vermittelnde Firma sucht für das Unternehmen relevante Influencer (Schlun 2016).

In Deutschland gibt es mittlerweile eine Vielzahl an Influencer-Marketing-Plattformen. Einige der bekanntesten fasst folgende (nicht abschließende) Liste zusammen:

- Buzzbird, www.buzzbird.de, Berlin
- Collabary (Zalando), www.collabary.com, Berlin
- Exomatch, www.exomatch.com, Berlin
- Hashtaglove, www.hashtaglove.de, Hamburg
- HitchOn, www.hitchon.de, Mainz
- Incircles (Gruner & Jahr), www.incircles.de, Hamburg
- Influma, www.influma.com, Grevenbroich
- inSocial Media, www.insocial-media.de, Hamburg
- ReachHero, www.reachhero.de, Berlin
- Visumate, www.visumate.com, Berlin

3.4   Auswahl des geeigneten Influencers

Unabhängig davon, ob man sich der Hilfe einer Plattform bzw. Agentur bedient oder nicht, gibt es zentrale Grundsätze die es bei der Auswahl des geeigneten Influencers zu beachten gilt. Zunächst sollte dieser Kontakt zum eigenen Kunden-kreis bzw. zur entsprechenden Zielgruppe haben und befähigt sein diesen in sei-ner Kaufentscheidung zu beeinflussen. Grundvoraussetzung hierfür ist, dass der Influencer dem Produkt bzw. der Marke zugeneigt ist (Schüller 2014).

Ferner gibt es einige Kennzahlen, anhand welcher der Einfluss, und somit auch der Erfolg, des Influencers messbar gemacht werden kann. Es sollte dennoch klar sein, dass sich Influencer nicht allein durch bloße Zahlen vergleichen lassen. So können Influencer je nach Kommunikationszweck, für jedes Unternehmen und jedes Produkt sehr unterschiedlich sein. Demnach ist es nicht zielführend sich bei der Suche nach dem geeigneten Influencer strikt an die Vorgabe bestimmter Mindestwerte zu halten, da sich der Erfolg des Influencers neben quantitativen auch in qualitativen Kennzahlen widerspiegelt (Tamblé 2015a). So zählt zu den qualitativen Kennzahlen unter anderem die Expertise des Influencers. Er sollte in der Lage sein, mithilfe seines fachlichen Urteilvermögens, ein Produkt oder eine Dienstleistung zu vermarkten. Dabei spielt seine Überzeugungskraft, ebenso wie sein Engagement, eine entscheidende Rolle. Wichtig ist in diesem Zusammenhang auch, ein glaubwürdiges Interesse des Influencers am vermarkten der Werbebotschaft, daher bildet seine Neutralität eine relevante Kennzahl. Auch die Finanzierbarkeit sollte nicht außer Acht gelassen werden: Wird sein Engagement etwas kosten? Oder stellt es einen finanziellen Aufwand, anderer Art in Form von Produktproben oder Tests für das Unternehmen dar (Schüller 2014)?

Zu den quantitativen Kennzahlen zählt hingegen die Reichweite des Influencers: Wie viele Menschen kann er mit seinen Beiträgen erreichen? Entscheidend ist zudem die Frequenzhäufigkeit, womit die Anzahl und der Umfang seiner Beiträge gemeint ist. Die Frage die sich in diesem Rahmen stellt ist, wie oft der Influencer die Möglichkeit hat, andere in ihrer Entscheidung zu beeinflussen. Die Resonanz auf die erstellten Beiträge lässt zudem auf den Erfolg des Influencers schließen (Schüller 2014).

Aufgrund der komplexen Erfolgsmessung gibt es verschiedene Online Tools, die die soeben aufgezeigten Kennzahlen analysieren und somit eine Bewertung der Aktivitäten von Influencern ermöglichen (Tamblé 2015a). Entsprechende Dienste zur Messung des Online-Einflusses sind z. B. folgende:

- Klout (www.klout.com)
- Kred Influence Measurement (www.kred.com)
- PeerIndex (www.peerindex.com)

Klout ist beispielsweise ein Dienst, der Daten aus verschiedenen Sozialen Netzwerken sammelt, auswertet und daraus den sogenannten Klout-Score ermittelt. Der Klout-Score kann Werte zwischen 0 und 100 annehmen. Je höher der Wert ist, umso einflussreicher ist die entsprechend bewertet Person im Social Web. Da Klout nicht nur auf frei verfügbare Daten zurückgreift, muss der Nutzer nach der Anmeldung bei Klout dem Dienst Zugriff auf alle Netzwerk gewähren, die Klout auswerten soll. Dabei kann unter anderem auf Twitter, Facebook, Google+, Inlinked, Youtube, Tumblr oder Flickr zurückgegriffen werden.

Klout analysiert ständig die Aktivitäten eines Users in den Sozialen Netzwerken und ermittelt so den Einfluss dieser Person. Je aktiver ein User ist, je mehr andere User auf die seine Veröffentlichungen reagieren und je größer seine Reichweite ist, umso höher ist der Klout-Score. Der eigentliche Algorithmus, wie dieser Score berechnet wird, ist allerdings nicht öffentlich.

Durch die Bewertung können interessante Multiplikatoren einfacher gefunden werden. Obwohl der Wert in Deutschland keine so große Rolle spielt, wie z. B. in den USA, können über Klout trotzdem interessante und thematisch passende im Social Web aktive und beliebte Nutzer gefunden werden (Wandiger 2013).

Funktionsweise des Influencing

4

4.1 Die wichtigsten Influencing-Kanäle

Als wesentliche Kanäle, auf denen sich aktuell Influencer hauptsächlich bewegen und die von den Usern eine sehr große Beachtung erfahren sind Blogs, Instagram und Youtube. Diese werden im Folgenden näher betrachtet.

4.1.1 Blogs

„Blog" ist zunächst eine Abkürzung für das Wort „Weblog", welches sich aus den englischen Begriffen „World Wide Web" und „Log" für Logbuch zusammensetzt. Ein Blog ist also ein Online-Produkt, dessen Textinhalt eine Person, Gruppe oder Firma in chronologisch gestalteter Reihenfolge verfasst. Blogs zeichnen sich meistens durch die Persönlichkeit ihres Verfassers aus, da sie häufig im Stile kurzer Tagebucheinträge entworfen werden. Neben persönlichen Blogs gibt es auch Blogs zu bestimmten Themen (Themenblog) oder Firmen (Firmenblog). Eine weitere Sonderform ist das sogenannte Microblogging, dessen Charakter insbesondere die Kommunikationsplattform Twitter geprägt hat. Die Textinhalte beschränken sich dabei auf lediglich 140 Zeichen (Gründerszene 2016).

Welcher hohe Stellenwert Blogs zukommt, zeigt eine Umfrage aus dem Jahr 2014. Demnach lag der Anteil der Social-Media-Nutzer, die in ihrer Freizeit oder im Beruf Blogs lesen oder schreiben bei 30 %. Zudem gaben 26 % der Nutzer an, mithilfe von Blogs schon konkrete Kaufentscheidungen für Konsumgüter getroffen zu haben (Reppesgaard 2014). Auch im Jahr 2016 stimmen über 50 % der Befragten zu, dass Blogs für ihre Meinungsbildung wichtig sind, da dort unabhängige Meinungen vertreten werden (siehe Abb. 4.1).

© Springer Fachmedien Wiesbaden GmbH 2018
M. Nirschl und L. Steinberg, *Einstieg in das Influencer Marketing,*
essentials, https://doi.org/10.1007/978-3-658-19745-2_4

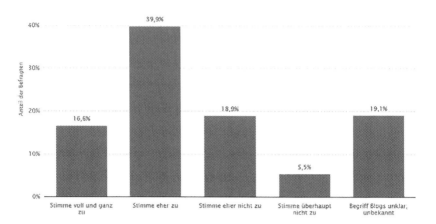

Abb. 4.1 Inwieweit stimmen Sie der Aussage „Blogs sind für die Meinungsbildung wichtig, da dort unabhängige Meinungen vertreten werden" zu? (Quelle: https://de.statista.com/ statistik/daten/studie/173503/umfrage/zustimmung-zur-bedeutsamkeit-von-blogs-fuer-die-meinungsbildung/, 2016)

Des Weiteren geben rund 45 % der befragten Internetnutzer an, Informationen auf Blogs zu lesen, wenn sie sich mit einem Thema näher auseinandersetzen (siehe Abb. 4.2).

Im Blogosphärenreport 2008 fand Technorati diesbezüglich heraus, dass vier von fünf Bloggern Marken- oder Produktbesprechungen veröffentlichen. 37 % von ihnen teilen ihre persönliche Meinung sogar häufig auf diesem Weg mit Außenstehenden (Technorati 2016). Dass Konsumenten häufig diesen Weg der Informationsbeschaffung wählen, belegen rund 97 % der Webuser, die schon mindestens einmal nach Produktbeschreibungen und -bewertungen im Internet gesucht. Dabei legen insbesondere Online-Käufer Wert auf die Meinung anderer Nutzer. Von dieser Käufergruppe gaben sogar 81 % an, Produktinformationen vorab auf Blogs, in Foren und auf Empfehlungsportalen zu recherchieren, da sie diesen Quellen größeren Glauben schenken als den Webseiten der Hersteller (Weinberg 2012).

Dass der Einfluss von Blogs dabei eine nachhaltige Wirkung auf das Konsumentenverhalten hat, beweist der sogenannte Longtail-Effekt. Demnach verzeichnen qualitativ hochwertige Blogbeiträge auch nach Jahren ihrer Veröffentlichung beachtliche Zugriffszahlen. Somit beeinflussen Blogger in ihrer Rolle als Influencer äußerst effizient und mit einer messbaren Wirkung (Sombre 2011).

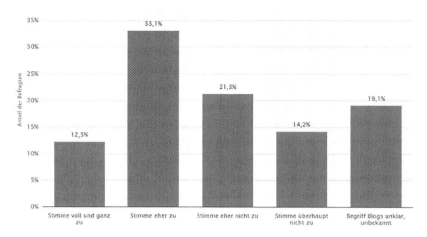

Abb. 4.2 Inwieweit stimmen Sie der Aussage „Wenn ich mich mit einem Thema genauer auseinandersetze, lese ich hierzu auch Informationen in Blogs" zu? (Quelle: https://de.statista.com/statistik/daten/studie/173507/umfrage/blogs-als-ergaenzende-informations-quelle-bei-interessanten-themen/, 2016)

4.1.2   Instagram

Neben Blogs bietet auch der Online-Dienst Instagram Influencern eine zentrale Plattform um Fotos und Videos mit ihrer Community zu teilen. Seit 2010 wächst das soziale Netzwerk stetig und versorgt seine zahlreichen Nutzer dabei regelmäßig mit neuen Funktionen. Das Grundkonzept basiert auf einem angelegten Benutzerkonto, welches sich unter anderem auch mit dem eigenen Facebook-Profil verknüpfen lässt. Dieses kann im Anschluss mit Fotos, zu deren Bearbeitung verschiedenste Foto-Effekte zur Verfügung stehen, bestückt werden. Mittlerweile können auf diese Weise auch Videos mit anderen Nutzern geteilt werden (ILS 2017). Durch hohe Reichweiten, insbesondere bei jungen Zielgruppen, bietet der Online-Dienst Meinungsführern im Social Web die Möglichkeit Inhalte gezielt zu verbreiten (Weck 2017). Eine Wachstumsprognose des Marktforschungsunternehmens Emarketer verdeutlicht dabei die zunehmende Bedeutung von Instagram (vgl. Abb. 4.3).

So prognostizieren die Analysten im Jahr 2017 ein Wachstum in Deutschland von rund 26 %, was in Etwa einem Zuwachs von elf Millionen Nutzern entspricht. Bis 2021 wird die Nutzerzahl bereits auf über 16 Mio. geschätzt. Weltweit nutzen derzeit 700 Mio. Menschen die App. (eMarketer 2017).

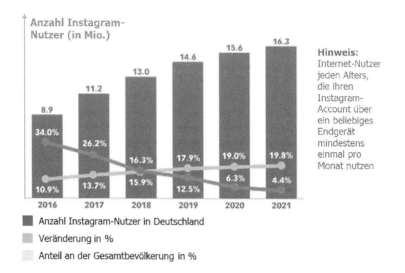

Anzahl Instagram-Nutzer in Deutschland

Veränderung in %

Anteil an der Gesamtbevölkerung in %

Abb. 4.3 Instagram-Nutzer und Durchdringung in Deutschland 2016–2021 (Prognose). (Quelle: eMarketer 2017)

Nicht selten verhilft Instagram so zunächst unscheinbaren Nutzern zur Influencer-Karriere. Dadurch verwandeln sich ihre Kanäle zu attraktiven Werbeplattformen für diverse Unternehmen. Farina Opokus Erfolgsgeschichte bildet hierfür ein Paradebeispiel. Denn egal ob die 25-Jährige gerade ein neues Produkt testet, an einem Traumstrand liegt oder ein exklusives Event besucht, ihre rund 730.000 Abonnenten lässt sie via Instagram stets daran teilhaben. Aufgrund ihrer Kundennähe und Authentizität ziert Farinas Gesicht bereits zahlreiche Kampagnen namhafter Marken (Christner 2017).

Instagram Influencer wie Farina Opoku schaffen es in diesem Rahmen nicht nur, ihre Abonnenten mit ansprechenden Bildern und Storytelling zu emotionalisieren. Ebenso vereinen sie die unterschiedlichsten Zielgruppen, wodurch sie Unternehmen Zugang zu einer Community verschaffen, die exakt zum Produkt passt und somit Streuverluste minimiert oder gar verhindert (Klickkomplizen 2015).

Das Geschäftsmodell der Influencer auf dieser Plattform besteht unter anderem darin, den eigenen Instagram-Kanal als Werbefläche zu vermarkten. Nachdem Unternehmen auf geeignete Meinungsführer aufmerksam geworden sind, bezahlen sie diese häufig, damit sie ihre Produkte und Marken in Postings erwähnen und präsentieren. Neben dem Product-Placement zählt auch das Affiliate

Marketing zu einem wichtigen Bestandteil des Erfolgsrezepts „Instagram-Star". Gemeint ist hiermit der Verweis unter oder auf einem Foto zu einem Produkt in einem Online-Shop. Klickt ein User auf solch einen Link und kauft im Anschluss daran ein entsprechendes Produkt, erhält der gesponserte Influencer eine Provision die sich auf bis zu 20 % belaufen kann (Schlenke 2016).

4.1.3 Youtube

Seit dem Jahr 2005 stellt auch das Videoportal Youtube mit mehr als einer Milliarde Nutzer eine dominierende Plattform im Social Web dar. Hier können Benutzer Videoclips ansehen, bewerten kommentieren und selbst hochladen, wodurch Youtube insbesondere für Influencer zu einem beliebten Kanal zur Content-Verbreitung geworden ist (Youtube 2017). Diese Entwicklung lässt sich auch im 90-9-1 Prinzip, welches das Webvideomagazin broadmark.de in Bezug auf Youtube definiert hat, erkennen. Demnach sind 90 % der Youtube-Nutzer ausschließlich stille Beobachter der hochgeladenen Videos und neun Prozent Akteure, die Kommentare und Bewertungen abgeben. Lediglich ein Prozent der Nutzer produziert und veröffentlicht aktiv Videos (Haala 2015).

Prägend für die rasante Entwicklung des Videoportals war dabei letztlich das große Potenzial, welches sich den Akteuren bietet, durch kreative Beiträge Videos zu monetarisieren. Diese zunehmend professioneller werdenden Videos decken in diesem Rahmen die unterschiedlichsten Themenfelder ab, sodass diverse Zielgruppen auf diese Weise erreicht werden können (Behrens 2017a).

Durch die hohe Reichweite vieler Meinungsführer, ist Influencer Marketing auf Youtube besonders für Firmen, die auf jüngere Konsumenten abzielen eine empfehlenswerte Marketingmaßnahme. Da knapp ein Drittel aller Internetnutzer das Videoportal regelmäßig gebraucht, bildet dieser Kanal inzwischen eine ernst zu nehmende Alternative zu TV-Werbespots (Youtube 2017; Klickkomplizen 2016).

Eine der ersten und zugleich erfolgreichsten Influencer-Kampagnen auf Youtube war die Kooperation zwischen Neckermann-Reisen und der Youtuberin Bibi[1]. Diese bestand aus einer Reise des Youtube-Stars. Zunächst nach Berlin und in die Türkei, später auf die Malediven und nach Bulgarien. Im Gegenzug veröffentlichte Bibi sogenannte „Follow-me-around-Videos" ihrer Aufenthalte. Das Resultat: 8,3 Mio. Aufrufe (Reinbold 2015).

---

[1]Bibi heißt eigentlich Bianca Heinicke. Sie betreibt den erfolgreichen YouTube-Channel BibisBeautyPalace. Auf Instagram folgen ihr 5,3 Mio. Abonnenten, was sie unter die Top Ten der beliebtesten deutschen Instagrammer bringt (Stand: 19.06.2017).

Die Verdienstmöglichkeiten eines Youtubers gestalten sich dabei sehr ähnlich zu denen eines Instagramers. Neben Product-Placement und Affiliate Marketing können Influencer auf dem Videoportal zudem aus Werbeeinblendungen in ihren Beiträgen Profit schlagen (Schlenke 2016). Diese Werbeanzeigen von Drittanbietern werden dem User vor, während oder nach einem Video eingeblendet (Behrens 2017b).

Durch die Übernahme einer der erfolgreichsten Influencer Marketing-Plattformen FameBit, kaufte sich Youtube letztlich in diesen neuen und aufstrebenden Markt. Der Fokus soll somit nun auf die Unterstützung von Nutzern gelegt werden, die sich auf der Plattform selbst vermarkten und in diesem Rahmen mit Firmen kooperieren. Diese Unterstützung umfasst unter anderem die Vermittlung von Sponsorships und bezahlter Werbung, um abseits der klassischen Vermarktung über Youtube weitere Erlöse zu erzielen. Die Zusammenarbeit zwischen FameBit und dem Videoportal soll auf diese Weise die zu vermarktenden Content-Möglichkeiten sowie die Einnahmen der Influencer erhöhen (Helbig 2016).

4.2 Der Einfluss von Influencern auf das Konsumentenverhalten

Um den Einfluss von Blogs und weiteren Kanälen wie Instagram oder Youtube auf das Konsumentenverhalten aufzuzeigen, sollen im Folgenden die konkreten Abläufe des Prozesses skizziert werden, den Verbraucher im Rahmen ihrer Kaufentscheidung durchlaufen. Im Zuge dessen wird verdeutlicht, inwieweit Influencer diesen Hergang beeinflussen können.

4.2.1 Arten von Kaufentscheidungen

Die verschiedenen Arten von Kaufentscheidungen sind zunächst abhängig vom eigenen Engagement und den Unterschieden zwischen den möglichen Produkten. Abb. 4.4 zeigt die Abhängigkeit der Kaufentscheidung von beiden Komponenten und veranschaulicht so die unterschiedlichen Ausprägungen.

Ist sowohl das Interesse des Konsumenten an den Produkten, als auch die Unterschiede der Produkte, die zur Wahl stehen, gering, entspricht die Art der Kaufentscheidung einem Impuls- oder auch Gewohnheitskauf. Die Platzierung von Schokoriegeln an der Kasse im Einzelhandel ist beispielsweise förderlich für diesen Kaufhergang. Als „Seeking" bezeichnet man eine Kaufentscheidung, wenn das Interesse gering, die Unterschiede der angebotenen Produkte aber hoch ist.

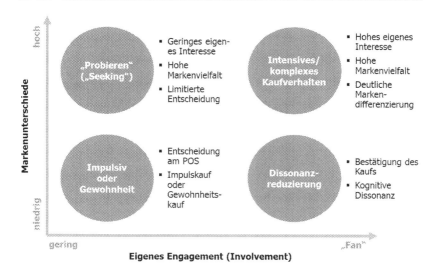

Abb. 4.4 Unterschiedliche Arten von Kaufentscheidungen. (Quelle: Spindler 2016)

Der Verbraucher wird die Produkte hier ausprobieren um später eine Präferenz zu bilden. Hierfür bieten sich in der Regel Lebensmittel oder Drogerieartikel an.

Ist das eigene Engagement für eine Technik oder Produktart hoch und die Produktunterschiede gering, fällt es dem Verbraucher relativ leicht eine Entscheidung zu treffen. Nach dem Kauf kommt es dabei häufig zur kognitiven Dissonanz, was bedeutet, dass der Konsument versucht, seinen Kauf für sich und vor anderen zu bestätigen. Die Dissonanzreduzierung tritt häufig beim Kauf teurer Produkte, wie zum Beispiel TV-Geräten auf. Von einem intensiven und komplexen Kaufverhalten spricht man hingegen, wenn das eigene Engagement hoch und die Produktunterschiede groß sind. Dies trifft beispielsweise auf Verbraucher zu, die sich für die Produktdetails eines Laptops interessieren um die verschiedenen Objekte ausführlich miteinander zu vergleichen (Spindler 2016).

Influencer informieren und prägen dabei das Meinungsbild zur Kaufentscheidung der Konsumenten. Dies gilt branchenübergreifend und für ein sehr breites Produktspektrum. Jedoch lässt sich feststellen, dass sich die Produktpräsentation insbesondere im Hinblick auf ein intensives und komplexes Kaufverhalten lohnt, da der potenzielle Kunde sich hier umfassend informiert und häufig den Rat von Dritten, wie z. B. Bloggern sucht. Deren Einschätzungen und Produktbewertungen haben somit kaufentscheidende Auswirkungen, die nun im Detail aufgezeigt werden (Seybold 2016).

Unabhängig von der Art der Kaufentscheidung, durchläuft ein Käufer verschiede Schritte eines Kaufentscheidungsprozesses. Dieser unterscheidet sich zwar durchaus je nach Involvement des Kunden und Markenunterschieden der angebotenen Leistung (vgl. Abb. 4.4), allerdings gibt es – betrachtet man einen generischen Kaufentscheidungsprozess – unabhängig davon zahlreiche Stellen, an denen Influencer einen entscheidenden Einfluss auf den Kauf ausüben und letztendlich über Kauf oder Nichtkauf eines Kunden entscheiden können.

4.2.2 Der Kaufentscheidungsprozess

Der Kaufentscheidungsprozess gliedert sich in verschiedene Phasen, welche in Abb. 4.5 veranschaulicht werden. In diesem Prozess kann das Marketing an verschiedenen Stellen eingreifen, um die Kaufentscheidung zu lenken.

Im ersten Schritt nimmt der Konsument seinen Bedarf, also die Abweichung zwischen der individuellen Ist- und Soll-Situation, wahr. Daraus entsteht der Wunsch nach einem Nutzen oder Produkt. Für das Marketing besteht bereits an dieser Stelle die Möglichkeit einzuwirken, indem diese Diskrepanz künstlich geschaffen wird (Spindler 2016). So kann die Produktpräsentation im Rahmen eines Blogbeitrags auf diese Weise einen externen Auslöser schaffen, der den Bedarf des Verbrauchers erst weckt.

Im weiteren Verlauf des Prozesses, informiert sich der Verbraucher über entsprechende Möglichkeiten, sein Bedürfnis zu befriedigen. In welchem Ausmaß er sich Informationen beschafft und Empfehlungen von Freunden und Bekannten einholt, ist abhängig von der Intensität seines Interesses. Auch hier kann das Marketing durch die Darbietung von Informationen und Vergleichen eingreifen (Spindler 2016). Auch Blogger, die ausführliche Produktbewertungen durch einen

Abb. 4.5 Phasen im Kaufentscheidungsprozess. (Quelle: in Anlehnung an Spindler 2016)

Beitrag mit der Öffentlichkeit teilen, fungieren auf diese Art als zentrales Element in der Informationsbeschaffung der Konsumenten.

Die Auswertung der Informationen und die Bewertung möglicher Alternativen erfolgt im nächsten Schritt in Abhängigkeit von der Persönlichkeit und vom Kauftyp des jeweiligen Konsumenten. An dieser Stelle dienen Vergleichstests von Zeitschriften und Portalen, als Stütze (Spindler 2016). Häufig führen auch Influencer derartige Vergleiche durch, indem sie eine Vielzahl von Produkten testen und die Ergebnisse auf ihrem Blog vorstellen. Auf diese Weise wird dem Konsumenten der Prozess des Abwägens abgenommen und die anschließende Kaufentscheidung erleichtert.

Letztlich fällt der Konsument seine Kaufentscheidung unter Einfluss seiner individuellen Einstellung, der aktuellen Situation und unter Berücksichtigung der Meinung anderer. Infolge des Kaufentscheidungsprozesses stellt der Konsument dann entweder eine Zufriedenheit oder eine Unzufriedenheit fest, die nach dem Kauf auftritt. Hier werden häufig Informationen und Tests zu dem gekauften Produkt gelesen, um sich im Zuge der Dissonanzreduzierung in der eigenen Kaufentscheidung bestätigt zu fühlen (Spindler 2016).

4.2.3   Einflussfaktoren auf das Kaufverhalten

Wie beschrieben, unterliegt das Konsumentenverhalten diversen Einflussfaktoren. Diese wirken sich in unterschiedlichem Maße auf die Kaufentscheidung aus. Abb. 4.6 greift diesbezüglich noch einmal die Kernelemente des Kaufentscheidungsprozesses

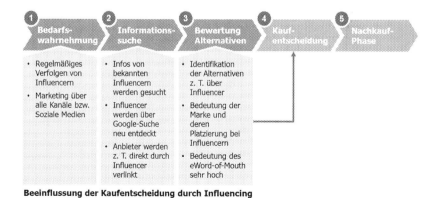

Beeinflussung der Kaufentscheidung durch Influencing

Abb. 4.6 Beeinflussungsmöglichkeiten der Kaufentscheidung durch Influencing. (Quelle: eigene Darstellung)

auf und verdeutlicht verschiedene Aspekte des Influencings, die den Verbraucher in bzw. im Vorfeld seiner Kaufentscheidung beeinflussen. Wenn diese Einflussfaktoren in den Marketingmaßnahmen eines Unternehmens Berücksichtigung finden, können darauf basierend die Konsumenten beim Kauf besser auf das eigene Produkt gelenkt werden. Eine besondere Bedeutung kommt in diesem Zusammenhang den sozialen Medien zu. Die zahlreichen sozialen Netzwerke sind dabei der Auslöser für die Beschleunigung des Informationstransfers sowie der Interaktion der Menschen. Dieser Wandel stellt das Marketing von Unternehmen vor große Herausforderungen. Der Aufbau einer Influencer-Marketing-Strategie gewinnt dabei zunehmend an Wichtigkeit (Spindler 2016).

So ist es vor allem in den Phasen vor bzw. während der Kaufentscheidung des Kunden wichtig, alle Möglichkeiten des Influencings in Betracht zu ziehen bzw. auch zu nutzen. Die Bedarfswahrnehmung im Sinne einer „Awareness" kann beispielsweise durch das regelmäßige Verfolgen von Blogs entstehen. Bei der Informationssuche wird einerseits bei bekannten Influencern Rat gesucht, andererseits werden aber auch automatisch über die obligatorische Suche mit Google Influencer gefunden, die sich mit dem Produkt auseinandergesetzt haben. Bei der Bewertung der verschiedenen Alternativen kommt der Marke bzw. dem Word-of-Mouth eine besondere Bedeutung zu. Auch dabei wird der Kunden entscheidend durch Influencer geprägt.

4.2.4 Wie der User zum Kunden wird – die Rolle des Meinungsführers

Bei der Betrachtung des Kaufprozesses, ergibt sich die Frage, wie der Nutzer letztendlich zum Kunden wird und welche Rolle Influencer in diesem Zusammenhang spielen.

Dem sogenannten Word-of-Mouth kommt dabei eine gesonderte Bedeutung zu, da das Influencer Marketing auf diesem Prinzip basiert. Gemeint ist hiermit die direkte und persönliche Kommunikation zwischen Personen innerhalb eines sozialen Netzwerks. Neu sind diese Gespräche über Unternehmen, Marken, Produkte und Dienstleistungen grundsätzlich nicht, denn das wirtschaftliche Handeln von Unternehmen und Konsumenten impliziert ebenfalls einen Erfahrungsaustausch. Dieser beinhaltet, dass Verbraucher ihre, sowohl positiven als auch negativen, Erfahrungen zu Produkten und Unternehmen innerhalb ihres Netzwerks weitergeben. Durch das Internet, und speziell die sozialen Medien, findet Word-of-Mouth-Influencing unter anderem auch auf Blogs statt. Demnach kann der Kaufentscheidungsprozess in den Phasen der Informationssuche und auch der

Alternativenbewertung durch Influencer, wie z. B. Blogger beeinflusst werden. Darüber hinaus besitzen Blogger oder Instagramer die Fähigkeit, als Quelle für das Wecken von Kaufbedürfnissen zu fungieren. Somit haben sie von Beginn an, einen immensen Einfluss auf die Kaufentscheidung potenzieller Kunden. Zwar bleibt der grundlegende Kaufentscheidungsprozess gleich, jedoch kann Word-of-Mouth als zusätzlicher Kommunikationskanal verstanden werden. Influencer wirken aufgrund ihrer Multiplikatorwirkung als Katalysator in diesem Konstrukt.

Das Two-step-flow-Modell von Lazarsfeld erklärt, wie in diesem Zusammenhang Nachrichten übermittelt werden (vgl. Abb. 4.7). Demnach werden Botschaften nicht direkt über Massenmedien, sondern über Meinungsführer im jeweiligen sozialen Netzwerk kommuniziert, bewertet und eingeordnet. Das bedeutet, dass Influencer eine Filter- und Empfehlungsfunktion auf Nutzer ausüben, indem sie nur ausgewählte Informationen weitergeben (Rossmann und Sonntag 2013).

Werbetreibende Unternehmen können diese Erkenntnisse zur gezielten Ansprache von Influencern nutzen, um eine optimale Verbreitung ihrer Botschaft zu erzielen. Dafür ist eine entsprechende Konzipierung und Durchführung von Werbekampagnen notwendig. Durch die Integrierung von Word-of-Mouth in den Kommunikationsmix von Unternehmen, kann die Kaufentscheidung der potenziellen Kundschaft gelenkt werden. Bei dem Einsatz gezielter Influencer-Kampagnen, werden Einflussnehmern Produkte zum Testen überlassen. Hierfür eignen sich insbesondere Blogger, die ihre

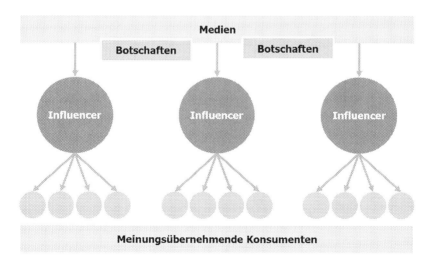

Abb. 4.7 Two-step-flow-Modell nach Lazarsfeld. (Quelle: in Anlehnung an Rossmann und Sonntag 2013)

Abb. 4.8 Kommunikation und Word-of-Mouth unter den Bedingungen des Social Webs. (Quelle: in Anlehnung an Kozinets et al. 2010)

Testerfahrungen in einem Beitrag veröffentlichen und so über den Multiplikatoreffekt verbreiten. Ziel ist es, einen Kauf durch die Nutzer herbeizuführen (Rossmann und Sonntag 2013). Abb. 4.8 veranschaulicht die erläuterte Veränderung der Kundenansprache, die aus der Entwicklung des Social Webs resultiert.

Die auf persönlichen Erfahrungen basierende Empfehlung eines Nutzers, wirkt im Kaufentscheidungsprozess weitaus überzeugender, als die Kommunikation von Produkteigenschaften mittels klassischer Werbemaßnahmen. Blogger üben in diesem Rahmen durch ihre immense Reichweite einen hohen Einfluss auf die Nutzer aus (Kozinets et al. 2010).

Strategien und Vorgehensweise für das Influencer Marketing

5

5.1 Einschätzung ausgewählter Experten zu wichtigen Themen des Influencer Marketing

Um einen Überblick zu bekommen, welche Strategien und Vorgehensweise im Influencer Marketing eingesetzt werden, wird eine Untersuchung von Unternehmen auf Basis von Interviews durchgeführt. Im Fokus der Untersuchung steht die Person des Influencers. Es soll erforscht werden, wodurch sich Influencer auszeichnen und wie sie von Unternehmen wahrgenommen werden, um das Potenzial von Influencer Marketing-Maßnahmen herauszustellen. Darüber hinaus ist von Interesse für welche Branchen, Produkte und Zielgruppen diese Art des Marketings relevant ist und infrage kommt. Ebenso sollen bestehende Herausforderungen offenbart werden. Eine Trendeinschätzung aus Expertensicht soll zudem Erkenntnisse über die zukünftige Entwicklung des Influencer Marketing zum Vorschein bringen.

5.1.1 Untersuchungsdesign

Die Untersuchung wird als Sekundärerhebung durchgeführt. Die qualitative Analyse der sekundär erhobenen Interviewdaten erfolgt im Rahmen einer entdeckenden Forschung, die mit dem Untersuchungsthema beginnt, das aufgeklärt werden soll. Um die Struktur des erhobenen Datenmaterials zu sichten, werden sowohl die Gemeinsamkeiten als auch die Unterschiede der verschiedenen Aussagen analysiert. Zunächst werden dabei augenscheinliche Ähnlichkeiten untersucht, sodass sich Gruppen der jeweiligen Zusammengehörigkeit identifizieren lassen. Diese werden in einem nächsten Schritt darauf hin untersucht, inwieweit sie miteinander in Verbindung stehen (Naderer und Balzer 2011).

© Springer Fachmedien Wiesbaden GmbH 2018
M. Nirschl und L. Steinberg, *Einstieg in das Influencer Marketing*,
essentials, https://doi.org/10.1007/978-3-658-19745-2_5

Das eingangs erläuterte Untersuchungsziel beschreibt bereits die zentralen Fragestellungen die es zur Zielerreichung mit Expertenantworten zu belegen gilt. Bei der Sekundärforschung dienen diese Fragen als Hilfestellung für die Recherche nach relevanten Interviews. Da nicht alle ursprünglichen Fragen eine Verbindung zur Forschungsfrage aufweisen, werden die ausgewählten Interviews hinsichtlich der relevanten Fragen gefiltert. Es resultiert ein Fragenkatalog, der in einem nächsten Schritt mit den zugehörigen Antworten aus den verschiedenen Interviews ergänzt wird. Durch die sinngemäße Übereinstimmung der Interviewfragen können die jeweiligen Ansichten verschiedener Experten aufgezeigt und miteinander verglichen werden. Es folgt eine Herausarbeitung der Gemeinsamkeiten und Unterschiede.

Die Auswahl der Experteninterviews erfolgt nach dem Kriterium der Übereinstimmung mit den anfangs definierten Fragestellungen. Der resultierende Katalog beinhaltet dabei folgende Fragen:

- Was zeichnet einen Influencer aus und woran bemisst sich seine Bedeutung?
- Welche Kriterien spielen bei der Auswahl von Influencern eine Rolle und könnten als Erfolgsfaktoren definiert werden?
- Welche Ziele und Zielgruppen können mit Influencer-Kampagnen erreicht werden?
- Welchen Stellenwert haben Influencer in Unternehmen?
- Für welche Branchen und Produkte ist Influencer Marketing besonders relevant?
- Wie läuft eine Kooperation mit Influencern ab?
- Worin bestehen die Herausforderungen in der Zusammenarbeit mit Influencern?
- Wie hat sich die Zusammenarbeit mit Influencern in den vergangenen Jahren entwickelt und wie wird Influencer Marketing zukünftig aussehen?

5.1.2 Ergebnisauswertung

Folgende Übersicht strukturiert die erhobenen Daten anhand der Fragestellungen („Kriterium") und der Experten bzw. Unternehmen, welche diese beantwortet haben und schafft auf diese Weise einen Überblick über die ausgewerteten Interviews. Die Markierung „x" drückt aus, dass die Frage in dem jeweiligen Experteninterview thematisiert wird (siehe Abb. 5.1).

Kriterium	Felix Holzapfel (Digitalagentur Zone)	Sarah Kübler (Hitch On)	Ulrich Bartholomäus (Addfame)	Martin Widenka (Thomas Cook)	Maria Bonarz (Kapten & Son)	Robert Puchalla (Agentur Arsmedium)	Agnes Happich (Audi)	Eva Fink (Deutsche Bahn)	Nico Kirch (Deutsche Bahn)	Peter Manderfeld (1&1)	Robert Levenhagen (Influencer DB)	Petra Hedorfer (Deutsche Zentrale für Tourismus)	Hanna Kleber (Tourismus PR Agentur KPRN network)	Anja Seugling (visitBerlin)	Milena-Isabelle Lamb art (ABOUT YOU)
							Experte (Unternehmen)								
"Bedeutung Influencer"	x	x	x												
"Auswahlkriterien"				x	x	x									
"Ziele und Zielgruppen"				x			x	x	x						
"Stellenwert im Unternehmen"				x		x	x			x					
"Relevante Branchen und Produkte"				x							x				
"Kooperationsablauf"				x			x				x				
"Herausforderungen"												x	x	x	
"Entwicklung Influencer Marketing"											x		x	x	x

Abb. 5.1 Übersicht der erhobenen Daten anhand der Fragestellungen („Kriterium") und der Experten bzw. Unternehmen. (Quelle: eigene Darstellung)

Was zeichnet einen Influencer aus und woran bemisst sich seine Bedeutung?
Die Auswertung der Antworten zeigt, dass die Experten unterschiedliche Aspekte in den Fokus stellen, wenn es darum geht wodurch sich Einflussnehmer hauptsächlich auszeichnen. Neben der Reichweite sei auch die Akzeptanz in der Zielgruppe ein ausschlaggebendes Kriterium, meint Felix Holzapfel (Digitalagentur Zone). Im Gegensatz dazu gäbe es allerdings auch eine Vielzahl von Meinungsmachern, die nur in einer bestimmten Zielgruppe bekannt ist. Beides habe Vor- und Nachteile (Acquisa 2016a). Auch Sarah Kübler (Hitch On) bemisst die Bedeutung eines Influencers an den genannten Kriterien (Acquisa 2016b). Ulrich

Bartholomäus (Addfame) betont in diesem Zusammenhang hingegen die Authentizität und Glaubwürdigkeit von Influencern, welche unabdingbar seien (Acquisa 2016c).

Welche Kriterien spielen bei der Auswahl von Influencern eine Rolle und könnten als Erfolgsfaktoren definiert werden?
Bei der Auswahl des passenden Influencers spielen viele Faktoren eine Rolle. Allen voran müssen sie jedoch zur jeweiligen Marke passen und sich auch mit ihr identifizieren können. Darüber hinaus sollten Influencer nicht mit diversen anderen Firmen derselben Branche kooperieren, um die Markenbotschaft glaubwürdig und authentisch zu vermitteln. Dieser Auffassung ist Martin Widenka (Thomas Cook) (Firsching 2015a). Laut Maria Bonarz (Kapten & Son) gibt es keine konkreten Kriterien anhand welcher Influencer für ein Unternehmen ausgewählt werden. Es komme nicht nur auf Reichweite, sondern auch auf die Community und die Qualität der Postings an. Dazu erklärt sie, dass die Zusammenarbeit mit einem Influencer davon abhänge welches Ziel mit der Kampagne verfolgt wird (Bersch 2016). Robert Puchalla (Agentur Arsmedium) beschreibt die Faktoren, die im Auswahlprozess von Influencern entscheidend sind ähnlich. Er fügt jedoch den Grad der Interaktion hinzu, welcher sehr wichtig sei. Hierunter versteht er das Engagement der Fans und Follower. So habe er inzwischen gemeinsam mit Influencern ein Scoring-Modell entworfen, in welchem ein großer Wert auf die jeweiligen Interessensgruppen gelegt werde (Absatzwirtschaft 2016).

Welche Ziele und Zielgruppen können mit Influencer-Kampagnen erreicht werden?
Die „Kunden von morgen" auf authentische und sympathische Weise ansprechen. So beschreibt Martin Widenka die Ziele von Influencer-Kampagnen. Auch eine Steigerung der „Likes" auf diversen Social-Media-Kanälen sei bei dieser Art des Marketings wünschenswert (Firsching 2015a). Agnes Happich (Audi) sieht ein besonderes Potenzial in der Möglichkeit Zielgruppen bestimmter Nischen zu erreichen. Dies liege an der teilweise starken Spezialisierung einiger Influencer. Somit können verschiedenste Kundenkreise individuell angesprochen werden (Firsching 2015b). Der Aufbau von Fürsprechern und ein inhaltlicher Austausch mit spezifischen Zielgruppen sind dabei die priorisierten Ziele von Eva Fink (Deutsche Bahn) (Knorr 2016). Nico Kirch (Deutsche Bahn) fügt ergänzend hinzu, dass mit Influencer Relations andere Ziele als mit klassischer Werbung verfolgt würden. Neben dem Ziel, die Reichweite der Werbebotschaft zu steigern, stehe ein glaubwürdiger Dialog im Fokus dieser Marketing-Strategie (Knorr 2016).

Welchen Stellenwert haben Influencer in Unternehmen?
Viele Unternehmen räumen Influencern einen großen Stellenwert ein, da sie sich
bereits bewährt haben. Widenka vertritt diesbezüglich die Ansicht, der Mix aus
den richtigen Influencern spiele die entscheidende Rolle. So könne in Zukunft das
Zielgruppenspektrum durch einen entsprechenden Ausbau der Influencer Marketing-Aktivitäten erweitert werden (Firsching 2015a). Peter Manderfeld (1&1)
beschreibt Influencer in diesem Zusammenhang als wichtige Multiplikatoren.
Durch diese Eigenschaft schaffen sie es, den Kontakt zwischen einer Marke und
ihrer Community herzustellen, welche sich dann idealerweise auch für das Pro-
dukt- und Dienstleistungsspektrum des jeweiligen Unternehmens interessiere.
Besonders wertvoll sei dabei die Authentizität und die Meinung des Influencers,
die dessen Fans schätzen. Diese Glaubwürdigkeit könne ein Unternehmen nur
schwer erreichen (Firsching 2016). Die Bedeutsamkeit von Influencern wachse
besonders aufgrund ihrer Nähe zum Kunden, so Happich. Daneben seien ihre Beiträge besonders bei Suchmaschinen wie Google stets sichtbar. Hinzu komme, dass
Influencer durch ihre subjektive Sprache als besonders glaubwürdig empfunden
werden. Dieser hohe Stellenwert, der Influencern im Unternehmen zukommt, spie-
gele sich in Form von maßgeschneiderten Kampagnen wieder (Firsching 2015b).
Durch ihre Fähigkeit zu emotionalisieren und informieren, genießen Influencer ein
hohes unternehmensseitiges Ansehen. Dieser Kanal bietet somit laut Puchalla eine
Möglichkeit, sich vom Wettbewerb zu differenzieren (Absatzwirtschaft 2016).

**Für welche Branchen und Produkte ist Influencer Marketing besonders rele-
vant?**
Zum Thema der branchenbezogenen Bedeutung des Influencer Marketing meint
Ulrich Bartholomäus, dass diese Form der Werbung für sämtliche Branchen relevant sei. Am einfachsten gestalte sich das Influencer Marketing jedoch bei der
Vermarktung wenig erklärungsbedürftiger Produkte und Dienstleistungen, die
beispielsweise im Rahmen von Blogbeiträgen diskutiert werden (Acquisa 2016c).
Wenn ein Markt sich durch viele Botschaften und Kanäle auszeichnet, die Ziel-
gruppe jung ist und primär digital erreicht werden kann, dann sei Influencer Mar-
keting aktuell das effizienteste Werkzeug. Hier erzeugen Influencer eine größere
Reichweite und eine deutlich höhere Wirkung als klassische Werbemittel, so
Robert Levenhagen (Software-Firma Influencer DB) (Burrack 2016).

Wie läuft eine Kooperation mit Influencern ab?
Die Zusammenarbeit mit Einflussnehmern läuft dabei in jedem Unternehmen unterschiedlich ab. So erklärt Happich, dass Influencern im Rahmen einer Kooperation
mit Audi viel Zeit eingeräumt werde, um eigene Erfahrungen und Erlebnisse mit

den Autos der Marke zu sammeln. Hintergrund sei die Tatsache, dass die resultierenden Beiträge sehr subjektiv formuliert und aus der Ich-Perspektive geschildert werden. Bei Blogger-Events stehe deshalb auch der Dialog zwischen Influencern und Unternehmensvertretern im Fokus (Firsching 2015b). Bartholomäus beschreibt den Ablauf einer Kooperation hingegen aus Agentursicht. Hier stelle sich zunächst die Frage nach dem zu vermarktenden Produkt und der zu erreichenden Zielgruppe. Darauf basiere das zu erstellende Kreativkonzept. Damit die Kampagne im Sinne der Marke umgesetzt werden könne, werden sämtliche Inhalte geplanter Postings von den Werbetreibenden freigegeben. Um jedoch die Authentizität zu gewährleisten, entscheide letztlich der Influencer selbst, wie genau der finale Beitrag aussehen soll (Acquisa 2016c). Petra Hedorfer (Deutsche Zentrale für Tourismus) berichtet hingegen von verschiedenen Formaten, die individuell im Hinblick auf die Themenkampagne entwickelt würden. Im Zentrum stehe dabei immer das Bestreben, die spezifischen Bedürfnisse der Influencer mit den Kommunikationsanliegen des Unternehmens in Einklang zu bringen (SCM Online 2016).

Worin bestehen die Herausforderungen in der Zusammenarbeit mit Influencern?

Die Herausforderung in der Zusammenarbeit mit Influencern liege dabei, so Hedorfer weiter, in der Komplexität der sozialen Medien in der heutigen Kommunikationswelt. Hierbei existiere eine eigene Dynamik mit bestimmten Regeln, die es zu verstehen gelte. Dementsprechend müssen individuelle Formate der Zusammenarbeit angeboten werden. Hanna Kleber (Tourismus PR Agentur KPRN network) sieht die größte Herausforderung hingegen darin, Influencer und ihre Leistung mit den Erwartungen der Unternehmen, die teilweise noch stark an das klassische Marketing angelehnt sind, zu vereinen. Hinzu komme, dass sich der Erfolg eines Influencers nicht so einfach berechnen lasse, da sich dieser aus verschiedensten Komponenten zusammensetze. Kleber benennt diesbezüglich mitunter die Art und Anzahl der Blogartikel, sowie die Weiterverwendung des entstandenen Contents. Die Möglichkeit einer Kooperation müsse stets neu evaluiert, und gemeinsam im offenen Austausch zwischen Influencer und Unternehmen festgelegt werden. Die Frage ob auf eine Vielzahl von Hobby-Bloggern oder auf langfristige Kampagnen mit wenigen ausgewählten Profi-Influencern gesetzt werden solle, stellt für Anja Seugling (visit Berlin) die primäre Herausforderung in einer Zusammenarbeit dar. Darüber hinaus bestehe die Schwierigkeit darin den benötigten Freiraum der Influencer zu berücksichtigen und eine persönliche unternehmensseitige Betreuung zu gewährleisten (SCM Online 2016).

Wie hat sich die Zusammenarbeit mit Influencern in den vergangenen Jahren entwickelt und wie wird Influencer Marketing zukünftig aussehen?
Peter Manderfeld erwartet, dass sich Unternehmen in Zukunft zunehmend dafür entscheiden werden, auf ihren eigenen Kanälen und Plattformen mit Influencern zusammen zu arbeiten, anstelle der bisher stattgefundenen Auslagerung der Produktpräsentation. Dadurch sei eine bessere Kontrolle des Engagements gegeben. Des Weiteren habe er die Hoffnung, dass Unternehmen den Umgang mit Influencern besser verstehen lernen, was zur Folge hätte, dass sich auf eine zielgerichtete Auswahl der geeigneten unter ihnen beschränkt würde (Firsching 2016). Im Hinblick auf die Entwicklung des Influencer Marketing, meint Kleber, sei die Kooperation mit Bloggern vor einigen Jahren noch etwas Besonderes gewesen. Nunmehr gewinnen Blogger Relations an Akzeptanz in Unternehmen, was vornehmlich einer Menge Aufklärungsarbeit und deren Aufmerksamkeit in den Medien geschuldet sei. Gleichwohl stelle die Zusammenarbeit mit Influencern ein sich laufend weiterentwickelndes Thema dar, welches in Zukunft mit Spannung verfolgt werden könne. Im Laufe der Entwicklung lasse sich darüber hinaus eine zunehmende Professionalisierung der Branche erkennen, sagt Seugling. Dies hätte zur Folge, dass Profi-Blogger häufig Honorare für ihre Arbeit verlangen. Im Gegensatz dazu nehme allerdings auch die Anzahl der Hobby-Blogger rapide zu, weshalb von einer sogenannten „Bloggerschwemme" die Rede sei. Auch Hedorfer betont in diesem Zusammenhang die Professionalität der Influencer, welche sich im Zuge der rasanten Entwicklung der Medien zunehmend herauskristallisiert habe (SCM Online 2016). „Blogger Relations sind inzwischen für die meisten großen Marken ein wichtiger Bestandteil der Marketing-Strategie" (Bersch 2015). Ferner erklärt Milena-Isabelle Lambart (ABOUT YOU), dass Blogs sich in diesem Rahmen als Werbe-Mittel für die Branded Content Vermarktung etabliert hätten (Bersch 2015).

5.2   Chancen und Risiken des Influencer Marketing

Das Betreiben von Influencer Marketing bietet viele Möglichkeiten, aber auch Risiken die es im Folgenden abzuwägen gilt.
Beginnend mit dem Aufzeigen der Chancen, kann mit Influencer Marketing eines der wichtigsten Unternehmensziele erreicht werden: Markenbekanntheit. Durch ihre hohe Reichweite können Influencer Werbebotschaften multiplizieren und dadurch potenzielle Kunden erreichen. Viele Einflussnehmer zeichnen sich durch einen ausgeprägten Expertenstatus aus, da sie sich mit der Thematik

über die sie berichten sehr gut auskennen. Hieraus resultiert ihr hoher Bekanntheitsgrad und ihre große Reichweite. Da die Verbreitung ihrer Botschaften über diverse Social-Media-Kanäle erfolgt kommt es häufig zu einem viralen Effekt, der das Branding eines Unternehmens immens ausbauen kann. Diese virale Dynamik ermöglicht es Unternehmen durch gut produzierte Influencer-Kampagnen von einer Vielzahl von Menschen, auch zielgruppenübergreifend wahrgenommen zu werden. Da bei derartigen Kampagnen potenzielle Kunden durch den Influencer erreicht werden, bleibt das werbende Unternehmen im Hintergrund wodurch die Authentizität der Werbebotschaft bewahrt wird. Das Auslagern des Kreativprozesses an den Influencer bietet zudem den Vorteil, dass dieser die Botschaft zielgruppengerecht auf eine unaufdringliche Art verbreiten kann. Unternehmen haben darüber hinaus die Möglichkeit ihre Zielgruppe mit der Auswahl des geeigneten Influencers exakt ansteuern zu können. Damit können Unternehmen der Skepsis von Verbrauchern gegenüber klassischen Werbemitteln entgegnen, da Influencer bereits den Vertrauensvorschuss ihrer Abonnenten genießen (Seeding Alliance 2016).

Obendrein stellt Influencer Marketing eine kosteneffiziente Alternative zu herkömmlicher Werbung dar. So ist die Kosten-Nutzen-Rechnung im Vergleich zu teuren Werbeformaten, wie beispielsweise TV-Spots, sehr attraktiv da Influencer Produkte und Marken eigenständig in ihren Beiträgen inszenieren (Kutzim et al. 2017).

Vor dem Hintergrund verschärfter Datenschutzgesetze und neuer technologischer Möglichkeiten, besteht eine weitere Chance des Influencer Marketing in der proaktiven Nutzung der sozialen Medien durch die Konsumenten (Schüller 2014). Das Installieren sogenannter Ad-Blocker ermöglicht es heutzutage jedem Nutzer sich vor unerwünschter Werbung zu schützen und erschwert Unternehmen zugleich die Kontaktaufnahme mit potenziellen Kunden (Dexler 2017). Auf über 600 Mio. Geräten weltweit ist derzeit ein solcher Ad-Blocker eingerichtet. Somit blenden rund elf Prozent aller Internet-Nutzer Werbung auf diese Weise aus. Die Tendenz ist dabei weiterhin steigend (Cortland 2017). Eine Zusammenarbeit mit Influencern bietet Firmen die Möglichkeit diese Menschen trotzdem zu erreichen, da die Kontaktaufnahme kundenseitig erfolgt.

Durch das richtige Anwenden von Influencer Marketing können Unternehmen von vielen Vorteilen profitieren. Jedoch bestehen auch Gefahren, die es dabei zu beachten gilt. So müssen Unternehmen zunächst mit einem Kontrollverlust rechnen, wenn sie mit Influencern zusammenarbeiten. Denn sobald ein Beitrag im Internet veröffentlicht wird, befindet er sich „in den Fängen" des Social Webs und ist somit unwiderruflich. In Anbetracht der hohen Reichweite und der Anerkennung, die Influencer bei ihren Fans und somit den potenziellen Kunden genießen, sind die Konsequenzen einer misslungenen Zusammenarbeit weitreichend. Ein Imageschaden oder etwa ein Reputationsverlust können die Folge sein.

Des Weiteren muss sichergestellt sein, dass der Influencer zur Marke passt. Andernfalls besteht die Gefahr, dass der produzierte Content nicht die gewünschte Wirkung entfaltet oder gar die soeben beschriebenen negativen Auswirkungen bereithält. Aus diesen Gründen sollte die Auswahl des passenden Einflussnehmers mit Bedacht erfolgen. Der umfangreiche Auswahlprozess muss dabei individuell gestaltet und für jede Kampagne stets neu abgewickelt werden, um die erläuterten Risiken zu vermeiden. Doch nicht nur das komplexe Verfahren der Auswahl bedeutet einen großen zeitlichen Aufwand. Auch die Zusammenarbeit selbst beinhaltet eine zeitintensive Betreuung.

Ferner darf nicht vergessen werden, dass Influencer Marketing ein Instrument ist, das seine Wirkung im Speziellen dadurch erzielt, dass sein Werbecharakter nicht offensichtlich erkennbar ist. Darum kann eine fehlende Kennzeichnung jener Beiträge, die in Kooperation mit einem Unternehmen entstanden sind, rechtliche Konsequenzen nach sich ziehen. Stellt ein Influencer beispielsweise die Vorzüge des Produktes einer bestimmten Marke in den sozialen Medien vor und erhält dafür eine, für den durchschnittlich informierten Nutzer nicht ohne weiteres erkennbar, wirtschaftliche Gegenleistung, fällt dies unter den Tatbestand der Schleichwerbung (Laukemann 2016). Dem User wird auf diese Weise suggeriert, der Influencer habe das Produkt aus Überzeugung und nicht aus monetären Gründen vorgestellt. Des Weiteren kommt ein Verstoß gegen das Gesetz des verbotenen unlauteren Wettbewerbs in Betracht. Mögliche Folgen können Abmahnungen, Unterlassungs- und Schadensersatzklagen sein (Bauer 2015).

5.3 Erfolgsfaktoren des Influencer Marketing

Aufgrund der zunehmenden Bedeutung sozialer Medien wird Influencer Marketing zunehmend in den Marketing-Mix von Unternehmen integriert (Abb. 5.2). Influencern kommt dadurch eine Art Dienstleistungsfunktion zu. Sie fungieren unter anderem als Testpiloten oder Trendlabor für neue Produkte und Ideen. So können sie in ihren jeweiligen Interessensgebieten als Quasi-Mitarbeiter in Firmen eingebunden werden und tragen direkt zur Unternehmenswertschöpfung bei. Die Basis dafür bildet ein Interaktionsansatz, der beim Aufbau der Influencer-Relations zugrunde gelegt wird. Dabei werden die Nutzenerwartungen der Influencer mit den Zielen der Unternehmen in einem wechselseitigen Abstimmungsverfahren in Einklang gebracht. In diesem langfristigen Prozess, in dem mitunter Berührungsängste abgebaut und Vertrauen aufgebaut werden soll, können Unterschiede in den Kommunikationskulturen der beiden Parteien überwunden werden (Sombre 2011).

Abb. 5.2 Erfolgsfaktoren des Influencer Marketing. (Quelle: in Anlehnung an Simmet 2013)

Als zentraler Erfolgsindikator des Influencer Marketing ist dabei zunächst die hohe **Reichweite** der Meinungsmacher zu nennen. Dazu gehört ein hohes Maß an Eigenaktivität in Verbindung mit einer starken Vernetzung auf dem jeweiligen Interessensgebiet. Hieraus resultiert ein hoher Verbreitungsgrad über virale Aktivitäten. Influencer nutzen soziale Netzwerke um ihre Inhalte regelmäßig zu verbreiten und Nutzer darauf aufmerksam zu machen. Ein weiterer Erfolgsfaktor sind seine Beiträge, die sich durch eine hohe **Relevanz** für die jeweilige Community auszeichnen. Dabei kommt es auf die Affinität des Meinungsführers zu spezifischen Themen an. Denn eine generelle Relevanz ist, ähnlich wie bei der klassischen Meinungsführerschaft, eher selten. Somit spielt auch der „Fit" zwischen Influencer und Marke eine erfolgsentscheidende Rolle. Ein weiteres zentrales Merkmal erfolgreicher Influencer ist eine hohe **Reputation.** Hierzu zählen neben einem erkennbaren Persönlichkeitsprofil auch fachliche Qualifikationen und das Vertrauen der Leser in die Kompetenz und Glaubwürdigkeit des Meinungsführers. Ein nicht zu vernachlässigendes Erfolgskriterium spiegelt sich in diesem Zusammenhang auch in der **Resonanz** auf seine Aktivitäten wieder. Diese zeigt sich zum Beispiel in Form von Feedback im Social Web oder durch die Anzahl der Kommentare. Erfüllt ein Influencer die vorangegangenen Merkmale, fungiert er als zentraler Botschafter im Influencer Marketing. Die Verwendung der verschiedenen Social-Media-Kanäle als Kommunikationsinstrument hat sich in der heutigen Medienlandschaft nahezu gänzlich etabliert. Gerade bei der Einführung neuer Produkte erweisen sich entsprechende Beiträge als ein zunehmend wichtiger werdendes Instrument im Marketing-Mix eines Unternehmens (Simmet 2013). Im Zentrum dieser Strategie sollten jedoch stets eine genaue **Zieldefinition** sowie die zu erreichende **Zielgruppe** stehen. Zu beachten gelten hierbei insbesondere die demografischen Daten, durch die sich das Kundenprofil einer Marke schärfen lässt und entsprechende Personenkreise gezielt angesprochen werden können. Dabei lassen sich geschlechter- und altersspezifische Empfehlungen für bestimme Themenkategorien und Social-Media-Kanäle ableiten, um geeigneten Content zielgerichtet an potenzielle Kunden heranzutragen.

5.4   Entscheidungsvorgehen für Unternehmen

Für Unternehmen, die sich mit dem Thema Influencer Marketing beschäftigen, gilt es, eine Reihe von Entscheidungen zu treffen. Zunächst stellt sich die Frage, ob sich dieses Instrument überhaupt eignet bzw. zum Unternehmen und dessen Leistungen passt und wie die „Make-or-buy"-Frage zu beantworten ist. Anschließend müssen die geeigneten Kanäle ausgewählt werden und schließlich auch ein Influencer, der oder die zum Unternehmen und seinen Leistungen passt. Dieser gesamt Entscheidungsprozess wird als Überblick in Abb. 5.3 veranschaulicht und im Anschluss detailliert beschrieben.

Bedingt durch den individuellen Charakter des Marketinginstruments muss für eine erfolgreiche Umsetzung des Influencer Marketing eines stets berücksichtigt werden: Es gibt kein allgemeingültiges Erfolgsrezept. Deshalb sollte über dessen Einsatz im Vorhinein mit Bedacht entschieden werden. Um diese Entscheidung fällen zu können müssen vorab einige spezifische Fragen beantwortet werden, welche in Abb. 5.4 schematisch dargestellt sind. Die Basis für die Beantwortung bildet die Vergegenwärtigung der zu erreichenden Zielgruppe, welche im Rahmen einer detaillierten Zielgruppenanalyse erfolgt. Das resultierende Kundenprofil steht im Zentrum des weiteren Vorgehens.

Um in einem nächsten Schritt die, für die Zielgruppe relevanten Social-Media-Kanäle zu identifizieren, gilt es verschiedene Kriterien zu definieren anhand welcher diese überprüft werden. Neben dem, aus den personenbezogenen Daten der Zielgruppe bestehenden Kundenprofil, bildet eine klare Definition jener Ziele, die mit der Influencer Marketing Strategie realisiert werden sollen einen Anhaltspunkt für die Überprüfung. Ebenso werden die verschiedenen Plattformen im

Abb. 5.3 Vorgehensweise zur Entscheidungsfindung bei Unternehmen. (Quelle: eigene Darstellung)

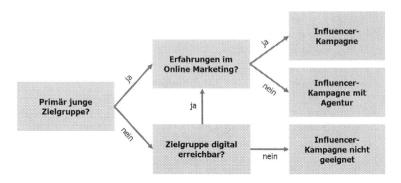

Abb. 5.4 Entscheidungsbaum Influencer Marketing. (Quelle: eigene Darstellung)

Hinblick auf die bereits erläuterten Erfolgsfaktoren Reichweite, Relevanz, Reputation und Resonanz untersucht. Diese sind vom Unternehmen für die einzelnen Kanäle individuell und spezifisch zu bewerten, da sich z. B. aufgrund von unternehmensspezifischen Produkten und Leistungen oder Zielgruppen große Unterschiede ergeben können. Abb. 5.5 veranschaulicht das Vorgehen anhand einer Matrix. Die Bewertung der verschiedenen Plattformen mithilfe eines Punktesystems bzw. Scoring-Modells ermöglicht die Herstellung einer Rangordnung, wodurch die zielgruppenrelevanten Social-Media-Kanäle identifiziert werden können. Durch die Vergabe der Punkte eins bis zehn – wobei eins für „nicht geeignet" und zehn für „sehr geeignet" steht – wird die Eignung der Kanäle anhand der zuvor definierten Kriterien beurteilt. Durch eine Gewichtung der Faktoren kann zusätzlich eine Unternehmens-individuelle Anpassung erfolgen.

Auch das Auswahlverfahren geeigneter Influencer orientiert sich an dieser Vorgehensweise. Als Kriterien dienen hierbei zunächst allgemeine Faktoren, wie z. B. die passende Sprache und das Alter des Influencers. Darüber hinaus kann man eine allgemeine Bewertung eines Influencers anhand der Messung seines Online-Einflusses heranziehen, wie beispielsweise mit dem Klout-Score (vgl. Abschn. 3.4).

Neben den allgemeinen Kriterien erfolgt die Auslese zusätzlich anhand der zielgruppenrelevanten Social-Media-Kanäle. Somit fungieren die zuvor identifizierten Plattformen als weiteres Entscheidungskriterium, wodurch das Ergebnis der vorangegangenen Matrix (vgl. Abb. 5.5) Einfluss auf die Influencer-Auswahl nimmt. Eine Bewertung der Influencer in dem jeweils identifizierten Kanal erfolgt anhand gängiger Kennzahlen, wie z. B. der Anzahl der Follower, der durchschnittlichen Posts pro Woche und der durchschnittlichen Kommentare bzw.

	Kundenprofil	Ziel 1	Ziel 2	Ziel 3	Reichweite	Relevanz	Reputation	Resonanz	Σ
Blog	8	4	8	10	7	9	10	7	63
Instagram	5	8	3	8	10	10	6	8	58
Youtube	10	6	7	6	8	8	7	6	58
Facebook	9	8	5	8	10	6	5	9	60
Snapchat	6	8	8	9	6	5	3	6	51
Twitter	5	6	9	5	5	5	6	4	45
Google+	7	5	4	2	2	3	2	5	30
Pinterest	5	7	6	4	6	7	5	4	44

Abb. 5.5 Matrix zur Identifizierung zielgruppenrelevanter Social-Media-Kanäle am fiktiven Beispiel. (Quelle: eigene Darstellung)

Likes pro Post. Somit wird der Einfluss des Influencers auf dem jeweiligen Kanal berücksichtigt.

Weiterhin können produkt- bzw- leistungsbezogene Kriterien definiert werden. Dazu gehört beispielsweise die Tatsache, wie gut das von Unternehmen angebotene bzw. zu bewerbende Produkt (bzw. die Leistung, die Marke etc.) zu den Themen passt, die der jeweilige Influencer vertritt und für die er steht. Zusätzlich spielt es eine Rolle, ob dem Influencer eine Expertise für das beworbene Produkt zugesprochen wird.

Die Matrix kann dabei beliebig viele Influencer umfassen, die unter den verschiedenen Gesichtspunkten miteinander verglichen werden (vgl. Abb. 5.6).

Anwendungsbeispiel der Entscheidungsmatrix
Zum besseren Verständnis dient die fiktive Marke „TCX", deren neuestes Produkt kürzlich gelauncht wurde, im Folgenden als Fallbeispiel zur Erläuterung der Entscheidungsmatrix. Es handelt sich dabei um ein Shampoo, welches seinen Nutzern ein beschleunigtes Haarwachstum verleihen soll. Da sich das Produkt mit 15,99 € für 200 ml im gehobenem Preissegment bewegt und primär das weibliche Publikum ansprechen soll, verkörpern Frauen im Alter zwischen 20 und 30 Jahren das Kundenprofil. Eine detaillierte Zielgruppenanalyse gibt zudem Aufschluss darüber, dass die potenzielle Kundschaft primär digital erreichbar ist. Da „TCX" bereits Erfahrungen im Bereich Online Marketing gesammelt hat, wird der Einsatz von Influencer Marketing, der im Rahmen einer Kampagne erfolgen soll, beschlossen. Die primären Ziele die damit erreicht werden sollen bestehen im Abverkauf des Shampoos sowie der Steigerung der Markenbekanntheit. Die

	Allgemein			Relevanter Kanal				Produkt		Kosten	
	Land / Sprache passend	Alter passend	Bewertung (z. B. Klout-Score)	Anzahl Follower	Ø Posts pro Woche	Ø Kommentare pro Post	Ø Likes pro Post	Produkt passend zu Themen	Produktexpertise	Kosten (pro Post)	Σ
Influencer 1	5	10	8	8	9	9	9	8	10	4	**80**
Influencer 2	10	10	10	9	8	9	8	8	10	3	**85**
Influencer 3	10	10	3	6	3	7	7	9	4	10	**69**

Abb. 5.6 Matrix zur Identifizierung zielgruppenrelevanter Influencer. (Quelle: eigene Darstellung)

Kooperation soll hierfür einen Erfahrungsbericht beinhalten, den der Influencer im Anschluss an einen Produkttest veröffentlichen soll. Als unabdingbar gelten in diesem Zusammenhang die Erfolgsfaktoren einer erfolgreichen Influencer Marketing Strategie: Reichweite, Relevanz, Reputation und Resonanz.

Zunächst möchte das Unternehmen jedoch herausfinden, welche Social-Media-Kanäle relevant für seine Zielgruppe sind. Eine entsprechende Matrix bringt zum Vorschein, dass „TCX" seine Kunden primär über Blogs und das Videoportal Youtube erreichen kann (siehe Abb. 5.7).

Nun bewertet „TCX" auch einige Influencer anhand der bereits festgelegten Kriterien. In die Bewertung fließt dabei jedoch zusätzlich deren Performance auf den zielgruppenrelevanten Social-Media-Kanälen Blogs und Youtube ein (siehe Abb. 5.8).

Das Ergebnis zeigt, dass sich Jessica Roberts im direkten Vergleich am besten für eine Kooperation eignet. Das liegt insbesondere daran, dass sich die Zielgruppe von „TCX" mit ihrer Community überschneidet und sie diese über ihren Blog optimal erreichen kann. Die von Jessica Roberts vertretenen Themen sind vor allem Beauty und Styling, was sehr gut zum vermarktenden Produkt passt. Ebenso trauen die Marketer des Unternehmens der Influencerin zu, die definierten Ziele zu realisieren und die Kampagne somit erfolgreich in die Praxis umzusetzen. Die entstehenden Kosten halten sich bei Jessica Roberts im Rahmen, sodass verschiedene Kampagnen angestoßen werden können und eine längerfristige Kooperation möglich ist.

	Kundenprofil	Abverkauf	Markenbekanntheit	Erfahrungsbericht durch Produkttest	Reichweite	Relevanz	Reputation	Resonanz	Σ
Blog	9	10	8	10	6	8	8	9	68
Instagram	8	9	7	6	9	7	7	8	61
Youtube	7	9	9	10	9	8	7	6	65
Facebook	7	10	10	5	10	6	6	9	53
Snapchat	6	3	7	1	5	7	6	5	40
Twitter	6	3	5	1	4	5	5	4	33
Google+	4	1	3	1	2	2	3	3	19
Pinterest	8	6	7	6	5	4	4	4	44

Abb. 5.7 Ermittlung zielgruppenrelevanter Social-Media-Kanäle am Beispiel „TCX". (Quelle: eigene Darstellung)

	Allgemein			Blog				Youtube				Produkt		Kosten	
	Land / Sprache passend	Alter passend	Bewertung (z. B. Klout-Score)	Anzahl Follower	Ø Posts pro Woche	Ø Kommentare pro Post	Ø Likes pro Post	Anzahl Follower	Ø Posts pro Woche	Ø Kommentare pro Post	Ø Likes pro Post	Produkt passend zu Themen	Produktexpertise	Kosten (pro Post)	Σ
Lauren Carr	5	10	8	8	7	6	6	6	9	9	7	8	10	4	103
Jessica Roberts	10	10	10	9	8	9	8	9	8	9	8	8	10	3	119
Julia Marino	10	10	3	0	0	0	0	6	3	6	7	9	4	10	68
Lisa Pawlak	5	5	7	7	5	8	9	7	5	8	9	6	7	5	93

Abb. 5.8 Ermittlung zielgruppenrelevanter (fiktiver) Influencer am Beispiel „TCX". (Quelle: eigene Darstellung)

Was Sie aus diesem *essential* mitnehmen können

- Die Erkenntnis, wie Influencer Marketing funktioniert und welche Chancen und Risiken damit verbunden sind
- Die entscheidenden Fragen für den Einsatz von Influencer Marketing und praktische Antworten für Unternehmen
- Die Einschätzung von Experten aus der Unternehmenspraxis zum Einsatz von Influencer Marketing und worauf sie sich fokussieren

© Springer Fachmedien Wiesbaden GmbH 2018   47
M. Nirschl und L. Steinberg, *Einstieg in das Influencer Marketing,*
essentials, https://doi.org/10.1007/978-3-658-19745-2

Literatur

Absatzwirtschaft. (06.09.2016). www.absatzwirtschaft.de. http://www.absatzwirtschaft. de/robert-puchalla-von-der-agentur-arsmedium-ueber-influencer-marketing-fuer-adidas-88685/2/.

Acquisa. (05.04.2016a). www.haufe.de. https://www.haufe.de/marketing-vertrieb/online-marketing/influencer-marketing-gehoert-zu-marketing-werkzeugkoffer_132_345594.html.

Acquisa. (26.04.2016b). www.haufe.de. https://www.haufe.de/marketing-vertrieb/online-marketing/influencer-marketing-guter-content-an-erster-stelle_132_347740.html.

Acquisa. (04.05.2016c). www.haufe.de. https://www.haufe.de/marketing-vertrieb/online-marketing/influencer-marketing-testimonial-muss-zur-marke-passen_132_349138.html.

Baier, J. (24.05.2017). www.wuv.de. *Wann wird Influencer-Marketing zu Schleichwerbung?* https://www.wuv.de/marketing/wann_wird_influencer_marketing_zu_schleichwerbung.

Bauer, T. (08.11.2015). www.onlinemarketing.de. https://onlinemarketing.de/news/influencer-marketing-instagram-schleichwerbung.

Behrens, P. (08.06.2017a). http://www.klicksafe.de/themen/kommunizieren/youtube/was-ist-youtube/.

Behrens, P. (01.06.2017b). http://www.klicksafe.de/themen/kommunizieren/youtube/kommerzialisierung-auf-der-plattform-youtube/.

Bersch, A. (26.10.2015). http://www.futurebiz.de/artikel/influencer-marketing-in-der-modebranche-interview-mit-about-you/.

Bersch, A. (19.05.2016). http://www.futurebiz.de/artikel/35286/.

Bibliographisches Institut GmbH. (14.03.2017). www.duden.de. http://www.duden.de/node/690637/revisions/1631177/view.

Burrack, H. (03.08.2016). www.haufe.de. http://www.horizont.net/marketing/nachrichten/Influencer-Wie-Premium-Hersteller-mit-Influencern-arbeiten%E2%80%93158274.

Christner, J. (28.05.2017). www.horizont.net. http://www.horizont.net/marketing/nachrichten/Influencer-Wie-Premium-Hersteller-mit-Influencern-arbeiten-158274.

Cortland, M. (01.02.2017). www.pagefair.com. https://pagefair.com/blog/2017/adblockreport/.

Dexler, S. (2017). www.hitstorm.net. http://hitstorm.net/blog/influencer-schluessel-zur-generation-z/.

Eicher, D. (16.06.2015). www.digitalwiki.de. http://www.digitalwiki.de/influencer-marketing/.

eMarketer. (27.04.2017). www.emarketer.com. https://www.emarketer.com/Chart/Instagram-Users-Penetration-Germany-2016-2021-millions-change-of-population/207247.

© Springer Fachmedien Wiesbaden GmbH 2018
M. Nirschl und L. Steinberg, *Einstieg in das Influencer Marketing,*
essentials, https://doi.org/10.1007/978-3-658-19745-2

Esch, F.-R. (2008). *Strategie und Technik der Markenführung*. München: Vahlen.

Firsching, J. (28.10.2015a). http://www.futurebiz.de/artikel/was-macht-influencer-marketing-brands-interessant-interview-martin-widenka-thomas-cook/.

Firsching, J. (06.11.2015b). http://www.futurebiz.de/artikel/von-blogger-relations-zu-influencer-relations-interview-agnes-happich-audi/.

Firsching, J. (21.09.2016). http://www.futurebiz.de/artikel/inreach-peter-manderfeld-interview-influencer-marketing-1und1/.

Geldschläger, J. (03.04.2017). www.blogkiste.com. http://blogkiste.com/blogosphaere-entwicklung-bedeutung/.

Gründerszene. (2016). www.gruenderszene.de. http://www.gruenderszene.de/lexikon/begriffe/blog.

Haala, L. (03.07.2015). www.broadmark.de. https://broadmark.de/allgemein/communityinteraktion-das-90-9-1-prozent-phaenomen/30523/.

Hedemann, F. (01.09.2014). www.upload-magazin.de. http://upload-magazin.de/blog/9469-influencer-marketing-i-was-sind-influencer-und-wie-findet-man-sie/.

Helbig, L. (12.10.2016). www.broadmark.de. https://broadmark.de/allgemein/youtube-famebit/48194/.

Heymann-Reder, D. (2011). *Social Media Marketing: erfolgreiche Strategien für Sie und Ihr Unternehmen*. München: Addison Wesley.

ILS. (02.04.2017). www.social-media-abc.de. http://social-media-abc.de/index.php?title=Instagram.

IT Wissen. (01.05.2012). www.itwissen.info. http://www.itwissen.info/Branded-Content-branded-content.html.

Klickkomplizen. (18.08.2015). www.klickkomplizen.de. https://www.klickkomplizen.de/blog/online-marketing/influencer-marketing-instagram/.

Knorr, S. (17.02.2016). www.kpg-blog.de. http://www.kpg-blog.de/interview-influencer-kommunikation-bei-der-deutschen-bahn/.

Kozinets, R. V., de Valck, K., Wojnicki, A. C., & Wilner, S. J. (March 2010). Networked narratives: Understanding word-of-mouth marketing in online communities. *Journal of Marketing*, *74*(2), 71–89.

Kutzim, J., Schellschmidt, S., Weber, H. (12.02.2017). Schön einflussreich. Wie normale Mädchen mit Instagram zur neuen Macht in der Mode- und Lifestyle-Industrie wurden. http://www.focus.de/finanzen/news/neues-geschaeftsmodell-mode-macher-in-panik-so-mischen-instagram-girls-die-branche-auf_id_6520373.html.

Lang, B. (06.07.2017). www.manager-magazin.de. *Die Daur-Werbesendung.* http://www.manager-magazin.de/unternehmen/karriere/caro-daur-die-instagram-influencerin-im-interview-a-1155194.html.

Laukemann, M. (13.05.2016). www.onpage.org. https://de.onpage.org/blog/zu-den-rechtliche-rahmenbedingungen-von-influencer-marketing.

Mai, J. (09.12.2012). www.karrierebibel.de. http://karrierebibel.de/influencer-marketing/.

Naderer, G., & Balzer, E. (2011). *Qualitative Marktforschung in Theorie und Praxis*. Wiesbaden: Gabler.

Nielsen. (2015). Vertrauen in Werbung weltweit. http://www.nielsen.com/content/dam/nielsenglobal/de/docs/Nielsen_Global_Trust_in_Advertising_Report_DIGITAL_FINAL_DE.pdf.

Onlinemarketing. (2016). www.onlinemarketing.de. https://onlinemarketing.de/lexikon/definition-content-marketing.

Onlinemarketing-Praxis. (22.11.2016). www.onlinemarketing-praxis.de. http://www.online-marketing-praxis.de/glossar/social-media-soziale-medien.

OnPage. (2016). www.onpage.org. https://de.onpage.org/wiki/Influencer_Marketing.

Reinbold, F. (09.12.2015). www.spiegel.de. http://www.spiegel.de/netzwelt/web/youtube-star-bibi-wirbt-junge-menschen-das-neue-werbe-business-a-1066678.html.

Reppesgaard, L. (19.06.2014). www.faktenkontor.de. http://www.faktenkontor.de/corporate-social-media-blog-faktzweinull/bedeutung-von-blogs-waechst-rasant/.

Rossmann, A., & Sonntag, R. (2013). Social Commerce – Der Einfluss interaktiver Online-Medien auf das Kaufverhalten der Kunden. In D. D. (Hrsg.), *Dialog Marketing Perspektiven 2012/2013* (S. 149–178). Wiesbaden: Springer Gabler.

Schlenke, S. (07.03.2016). www.galileo.tv. https://www.galileo.tv/life/instagram-snapchat-co-wie-verdient-man-geld-damit/.

Schlun, C. (01.04.2016). www.broadmark.de. https://broadmark.de/allgemein/influencer-marketing-plattformen/44461/.

Schüller, A. M. (2014). *Touchpoints: Auf Tuchfühlung mit dem Kunden von heute; Managementstrategien für unsere neue Businesswelt.* 5., aktualisierte Aufl. Offenbach: GABAL Verlag.

SCM Online. (10.03.2016). www.blog.scmonline.de. http://blog.scmonline.de/intervie-wrunde-influencer-relations/.

Seeding Alliance. (03.05.2016). www.seeding-alliance.de. http://seeding-alliance.de/2016/05/03/warum-influencer-marketing-ein-sehr-starkes-marketinginstrument-ist/.

Seybold, R. (31.03.2016). www.seybold.de. https://seybold.de/diese-influencertypen-beein-flussen-kaufentscheidung/.

Simmet, P. D. (28.11.2013). https://hsimmet.com/2013/11/28/blogger-und-blogger-relations-im-influencer-marketing/.

Sombre, D. S. (2011). *Trends im E-Commerce und soziale Netze als Markenplattform.* Hamburg: ACTA.

Spindler, G.-I. (2016). *Basiswissen Marketing.* Kahl am Main: Springer Gabler.

t3n digital pioneers. (2016). www.t3n.de. http://t3n.de/tag/content-marketing.

Tamblé, M. (2015a). http://www.influma.com/blog/kennzahlen-fuer-influencer-marketing/.

Tamblé, M. (2015b). http://www.influma.com/blog/content-marketing-und-influencer-relations/.

Technorati. (01.12.2016). www.technorati.com. http://technorati.com/wp-content/uploads/2013/06/tm2013DIR1.pdf.

Wandiger, P. (02.09.2013). www.selbstaendig-im-netz.de. www.selbstaendig-im-netz.de/2013/09/02/social-web/klout-der-social-media-wert-fuer-menschen.

Webguerillas. (2016a). www.territory-webguerillas.de. https://www.territory-webguerillas.de/fileadmin/user_upload/PR_Material/160916_webguerillas_Studie_Marketing_Entscheider.pdf.

Webguerillas. (29.09.2016b). www.marketing-boerse.de. http://www.marketing-boerse.de/News/details/1639-Jeder-vierte-Marketing-Entscheider-setzt-schon-auf-Influencer-Marketing/135068.

Weck, A. (17.05.2017). www.t3n.de. http://t3n.de/news/prognose-instagram-deutschland-823592/. Zugegriffen: 17. Mai 2017.

Weinberg, T. (2012). *Social Media Marketing: Strategien für Twitter, Facebook & Co* (3. Aufl.). Beijing, Köln [u. a.]: O'Reilly.

Wenzel, B. (2016). Einfluss gewinnen. *INTERNET WORLD Business. 14*(2016), 18–19.

Youtube. (30.05.2017). www.youtube.com. https://www.youtube.com/yt/press/de/statistics.html.

Printed in the United States
By Bookmasters